印顺法师佛学著作系列

# 净土与禅

释印顺 著

中华书局

图书在版编目(CIP)数据

净土与禅/释印顺著. —北京:中华书局,2011.4
(2024.11重印)
(印顺法师佛学著作系列)
ISBN 978-7-101-07852-7

Ⅰ.净… Ⅱ.释… Ⅲ.净土宗-研究 Ⅳ.B946.8

中国版本图书馆 CIP 数据核字(2011)第 037031 号

经台湾财团法人印顺文教基金会授权出版

书　　名　净土与禅
著　　者　释印顺
丛 书 名　印顺法师佛学著作系列
责任编辑　朱立峰
封面设计　毛　淳
责任印制　管　斌
出版发行　中华书局
　　　　　(北京市丰台区太平桥西里 38 号　100073)
　　　　　http://www.zhbc.com.cn
　　　　　E-mail:zhbc@zhbc.com.cn
印　　刷　三河市鑫金马印装有限公司
版　　次　2011 年 4 月第 1 版
　　　　　2024 年 11 月第 6 次印刷
规　　格　开本/880×1230 毫米　1/32
　　　　　印张 4¾　插页 2　字数 100 千字
印　　数　9901-10600 册
国际书号　ISBN 978-7-101-07852-7
定　　价　25.00 元

# "印顺法师佛学著作系列"出版说明

释印顺（1906—2005），当代佛学泰斗，博通三藏，著述宏富，对印度佛教、中国佛教的经典、制度、历史和思想作了全面深入的梳理、辨析与阐释，取得了一系列重要学术成果，成为汉语佛学研究的杰出典范。同时，他继承和发展了太虚法师的人生佛教思想，建立起自成一家之言的人间佛教思想体系，对二十世纪中叶以来汉传佛教的走向产生了深刻影响，受到佛教界和学术界的的高度重视。

经台湾印顺文教基金会授权，我局于 2009 年出版《印顺法师佛学著作全集》(23 卷)，系统、全面地介绍了印顺法师的佛学研究成果和思想，受到学术界、佛教界的广泛欢迎。应读者要求，我局今推出"印顺法师佛学著作系列"，将印顺法师的佛学著作以单行本的形式逐一出版，以满足不同领域读者的研究和阅读需要。为方便学界引用，《全集》和"系列"所收各书页码完全一致。

"印顺法师佛学著作系列"的编辑出版以印顺文教基金会提供的台湾正闻出版社出版的印顺法师著作为底本，改繁体竖排为简体横排。以下就编辑原则、修订内容,以及与正闻版的区别等问题,略作说明。

**编辑原则**

编辑工作以尊重原著为第一原则,在此基础上作必要的编辑加工,以符合大陆的出版规范。

**修订内容**

由于原作是历年陆续出版的,各书编辑体例、编辑规范不一。我们对此作了适度统一,并订正了原版存在的一些疏漏讹误,主要包括以下几项:

1. 原书讹误的订正:

正闻版的一些疏漏之处,如引文、纪年换算、人名、书名等,本版经仔细核查后予以改正。

2. 标点符号的订正:

正闻版的标点符号使用不合大陆出版规范处甚多,本版作了较大幅度的订正。特别是正闻版对于各书中出现的经名、品名、书名、篇名,或以书名号标注,或以引号标注,或未加标注;本版则对书中出现的经名(有的书包括品名)、书名、篇名均以书名号标示,以方便读者。

3. 梵巴文词汇的删削订正:

正闻版各册(特别是专书部分)大都在人名、地名、名相术语后一再重复标出梵文或巴利文原文,不合同类学术著作惯例,且影响流畅阅读。本版对梵巴文标注作了适度删削,同时根据《望月佛教大辞典》、平川彰《佛教汉梵大辞典》、荻原云来《梵和大辞典》等工具书,订正了原版的某些拼写错误。

4. 原书注释中参见作者其他相关著作之处颇多，为方便读者查找核对，本版各书所有互相参见之处，均分别标出正闻版和本版两种页码。

5. 原书中有极少数文字不符合大陆通行的表述方式，征得著作权人同意，在不改变文义的前提下，略作删改。

印顺法师佛学著作对汉语佛学研究有极为深广的影响，同时在国际佛学界的影响也日益突出。我们希望"印顺法师佛学著作系列"的出版，有助于推进我国的佛教学以及相关学科的研究。

中华书局编辑部
二〇一一年三月

# 目　　录

# 一 净土新论

—— 一九五一年冬在香港青山净业林说

## 一 净土在佛法中的意义

净土的信仰，在佛法中，为一极重要的法门。它在佛法中的意义与价值，学佛人是应该知道的。一般人听说净土，就想到西方的极乐净土，阿弥陀佛，念佛往生。然佛教的净土与念佛，不单是西方净土，也不单是称念佛名。特重弥陀净土，持名念佛，是中国佛教，是承西域传来而发展完成的。现在，从全体佛法的观点，通泛地加以条理的说明。

我时常说："戒律与净土，不应独立成宗。"这如太虚大师说："律为三乘共基，净为三乘共庇。"戒律是三乘共同的基础，不论在家出家的学者，都离不开戒律。净土为大小乘人所共仰共趋的理想界，如天台、贤首、唯识、三论以及禅宗，都可以修净土行，弘扬净土。这是佛教的共同倾向，决非一派人的事情。站在全体佛教的立场说，与专弘一端的看法，当然会多少不同。

先说净土的意义。土，梵语 kṣetra，或略译为刹。刹土，即世界或地方。净土,即清净的地方。净,是无染污、无垢秽的,有消极与积极二义。佛法说净,每是对治杂染的,如无垢、无漏、空,都重于否定。然没有染污,即应有清净的:如没有烦恼而有智慧;没有嗔恚而有慈悲;没有杂染过失而有清净功德。这样,净的内容,是含有积极性的。所以净是一尘不染的无染污,也就是功德庄严。

　　西洋学者说"真"、"美"、"善",或约宗教的意义而加一"圣"。真,佛法是非常重视的,如说实相、真如、胜义。善,是道德的行为,即佛法所修的种种功德行。美,在佛法中似乎不重要,如美妙的颜色、音声,每被指责为五欲境界而予以呵斥的。其实,佛法的清净,实含摄得美妙与圣洁的意义。西洋学者以为圣是真美善的统一,而有超越性的。佛法中,离错误的认识即真;离罪恶的行为即善;离染污的清净即美。而此"净",也即能表达真美善的统一,又是超越世俗一般的。宗教的弘扬在世间,要求(认识的)真,要求(意志的)善,更要有含摄得合理化的艺术性的(情感性的)美满生活。在过去,佛教的音乐、图画、譬喻文学、佛像雕刻、塔庙建筑等,在佛教的发展中,都是非常重要的。佛教的流行人间,必须理智与情意并重,适合众生的要求,才能得合理的发展。偏于理智,冷冰冰的生活,每不免枯寂;偏于情感,热烘烘的生活,又易于放逸,失却人生的正轨。唯有智情融合而统一,生活才有意义,才能净化人性而成贤成圣。佛法的庄严或严净,实有非常的意义。佛学的研究者,特别是阿毗达磨论师,每忽略了这一意义。如从譬喻者、大乘学者,佛法流行世间来说,即能肯定严净的伟大意义。

净土,即清净的地方,或庄严净妙的世界。佛法实可总结它的精义为"净",净是佛法的核心。净有二方面:一、众生的清净;二、世界的清净。《阿含》中说:"心清净故,众生清净";大乘更说:"心净则土净。"所以我曾说:"心净众生净,心净国土净,佛门无量义,一以净为本。"声闻乘所重的,是众生的身心清净,重在离烦恼,而显发自心的无漏清净。大乘,不但求众生清净,还要刹土清净。有众生就有环境,如鸟有鸟的世界,蜂有蜂的世界;有情都有他的活动场所。众生为正报,世界为依报,依即依止而活动的地方。如学佛而专重自身的清净,即与声闻乘同。从自身清净,而更求刹土的清净(这就含摄了利益众生的成熟众生),才显出大乘佛法的特色。所以,学大乘法,要从两方面学,即修福德与智慧。约偏胜说,福德能感成世界清净,智慧能做到身心清净。离福而修慧,离慧而修福,是不像大乘根器的。有不修福的阿罗汉,不会有不修福德的佛菩萨。大乘学者从这二方面去修学,如得了无生法忍,菩萨所要做的利他工作,也就是:一、成就众生,二、庄严净土。使有五乘善根的众生,都能成就善法,或得清净解脱;并使所依的世间,也转化为清净:这是菩萨为他的二大任务。修福修慧,也是依此净化众生与世界为目的的。这样,到了成佛,就得二圆满:一、法身圆满,二、净土圆满。众生有依报,佛也有依报,一切达到理想的圆满,才是真正成佛。了解此,就知净土思想与大乘佛教实有不可分离的关系。净土的信仰,不可诽拨;离净土就无大乘,净土是契合乎大乘思想的。但如何修净土?如何实现净土?还得审慎地研究!

## 二　净土的类别

"净土为三乘共趋",是各式各样的,大乘只是特别发扬而已。净土在佛法中是贯彻一般的,所以可分三类,即五乘共的、三乘共的、大乘不共的。

一、五乘共土:这不仅是佛法的,一般世间人都可有此净土思想。在印度,如四洲中的北俱卢洲,梵语郁怛罗俱卢,是无上福乐的意义,即顶有福报顶快乐的地方。印度人都承认有此世界。在中国,儒道所传的思想中,也有同一意境的说明。

二、三乘共土:这是佛法大小乘所共说的,最显著的,即兜率净土。佛在人间成佛以前,最后身菩萨在兜率天,从此而降诞人间的。释迦佛是如此,将来弥勒佛也是如此。兜率内院为最后身菩萨所依止的地方,经常为天众及圣者们说法。天宫——天国,本来就是极庄严的;有最后身菩萨说法,比一般的天国就更好了,这是一切声闻学者所共说的。从声闻佛教编集的教典看,弥勒当来下生,实现人间净土,为佛徒仰望的目标。弥勒在兜率天的情形,将来如何下生,这在《弥勒上生经》《弥勒下生经》等都有详细的说明。除一般共传的弥勒净土外,与有部、犊子部有关的《正法念处经》,说夜摩天有善时鹅王菩萨,经常为天众说法。天宫清净,有菩萨说法,与弥勒兜率说法的思想是一样的。《入大乘论》引述大众部的传说:青眼如来在光音——色界二禅天,为了教化菩萨,与无量声闻大众,无量百千大劫,在天宫说法。还有分别说系中的法藏部说:在此世界的东北方,有难胜如来经常说法。又汉译的《增一阿含经》说到世界之东，有奇光如来说法，目犍连以神通到奇光如来处；此说也见于大乘经。这可见，各派声闻学者，都含有此界天宫或他方佛土的思想。这比对于此界人间的秽恶不净，有清净世界，有佛菩萨经常说法，都是具体而微的，表达出大乘净土的肖影。

三、大乘不共土：大乘不共的净土，多得不可数量。古典而最有名的，是东方阿閦佛净土，西方阿弥陀佛净土，然其后，为中国佛弟子所重视的，与西方阿弥陀佛土相对，有东方药师如来净土，这都是他方的。后来，密宗传说，此世界将出现香跋拉净土。这都是大乘佛教所不共的，不见于声闻佛教的传说。

上来所说，或为世人所共知的，或为三乘所共知的，或为大乘者所共信的。在大乘不共的佛土中，如约修行的境界浅深来说，还可分为四类：（一）凡圣共土：有凡夫也有圣人。（二）大小共土：没有凡夫。这是声闻、辟支佛、大力菩萨同得意生身，所依托的世界；天台宗称此为方便有余土。《法华经》说：声闻入涅槃，到另一国土，将来授记做佛。这另一国土，就是意生身的净土。依《楞伽经》说，这应是与有心地菩萨——有相有功用行菩萨，同得三昧乐正受意生身所得的净土。（三）菩萨不共土，或可称为佛与菩萨共土。这一类净土，与声闻不共；天台宗名此为实报庄严土，《密严经》名为密严净土。秘密（不可思议）庄严，为菩萨不共二乘的净土。（四）佛果所得的不共土，如《仁王经》说："三贤十圣居果报，唯佛一人登净土。"这或名法性土，天台宗称此为常寂光净土。名称、地位，各家或有不同，大体上都是有此四级分别的。然大乘经中所说的佛净土，并不这样明显地判别。如西方极乐净土,有看为凡圣共的;有看为大小共的;有以为凡夫是示现的,声闻是约宿因而说,现在都是菩萨。究属何土,实不必限定,因为经文也有互相出入的地方。然约修证浅深来说所依的净土,确乎可分四级。凡圣同的,可通摄五乘共;大小同的,可通摄三乘共;佛菩萨共的,或唯佛净土,为大乘不共。

这样的类别,即说明净土一门,为佛法——甚至可说为人类的共同的企求,不过大乘中特别隆盛。修学大乘佛法,不应当轻视世界的清净要求。应该记着:只重身心清净,所以小乘不能达到究竟;由于大乘能清净身心,庄严世界,才能达到究竟圆满的地步。

# 三　净土的一般情况

## 一　自然界的净化

净土是理想的世界,依众生的根性、社会文化的不同,传出各式各样的净土。净土,是全人类对于理想世界的企求,原是极自然的,也是最一般的。然佛教的净土思想,从印度佛教文化中发展出来的,所说的净土境界,当然是结合着——适应着印度的文化环境和他们的思想特征,这是应该注意的一点!

论到佛教所说的净土情况,不单是依报的大地,所以可分二方面来说:一、自然界的净化,二、众生界的净化。

自然界的净化,可有四点特征。一、平坦:佛教的一切净土中,不曾说有山陵丘阜及大海江河,甚至没有荆棘沙砾。佛教在印度的发展环境——恒河流域，是大平原，在古圣的意境中，山河是隔碍而多生灾难的，因此有大平原的净土意境。如惯常于山国或海岛的边地，对山、海发生兴趣，也许描写净土为蓬莱仙岛、姑射仙山了。二、整齐：印度文化的特性，是求均衡发展的。所以表现于东西南北四维上下，是一样的，显着特别整齐。如净土中的树木，总是枝枝相对，叶叶相当的。一行一行的宝树，高低距离非常整齐，与富有均衡美的图案画一样，这是佛经净土美的特征。中国人对自然美的观念就不同了，表现于山水画等，都是参差变化的，少有均衡的整齐的描写。三、洁净：净土中是没有尘秽的，一尘不染。连池沼的水底，也是金沙而不是尘滓。四、富丽：如金沙布地，七宝所成，极其富丽堂皇。一般人说，印度文化或佛教文化是偏于唯心的。然从大乘佛经看来，决不如此。净土所表现的，对于自然的物质界是怎样的丰富充实！声闻佛教，重于少欲知足；而大乘，即从少欲知足的心境中，积极地发展富丽堂皇、恢宏博大的庄严，毫无穷苦贫乏的意象。如说到树木、殿堂、楼阁等时，都是说金、银、琉璃、玻璃、砗磲、赤珠、玛瑙等众宝合成。我们要了解，这是学佛者意境的忠实描写。

从差别的事相说：一、净土是富有园林美的：如宝树成行，宝花怒放，果实累累，池沼陂塘等等。净土里，没有兽类，但有飞鸟，鸟类是美丽而善于歌唱的，如白鹤、孔雀、鹦鹉、舍利等。净土的境界，活像一伟大的公园。二、净土又富有建筑美：如净土的道路平坦、光滑、宽广、正直，如在近代的大都市住过，也许多少可以理解。路旁有树，与现代化的马路，也极为相像。净土中有楼阁，四面栏楯，庄严富丽。又有浴池，这在热带民族看来，是极重要的。用来庄严楼阁的,如宝铃,及幢、幡、宝盖、罗网等。由这些物质的布置点缀看来,净土是极尽了五欲之乐的。如花木园林,到处是芳香。净土中有光明而没有黑暗,一切是美丽的色彩。鸟声、铃声、风声、水声,都是美妙的音乐,一切是微妙的、节奏的乐曲。还有,净土中的道路、住处,如兜罗绵,柔软舒适,现代的弹簧床、沙发椅之类,也许有点类似。这些,是属于自然界的净化。这个世界,如单纯的物质美,由于科学的进步,是可能实现一部分的。

## 二　众生界的净化

净土,不但是自然界的净美,还有众生界的净化,也即是社会的净化。这又可从三方面说。一、经济生活的净化:如经济生活不解决,就是身在最繁华的都市,也是无穷苦痛。因此,净土中,特别说到有关物质生活的衣、食、住、娱乐等事。在净土中,"各取所需,各得所适"。资生的物质,不是属于某人或某些人的,一切属于一切大家所共有共享的(世间也有理想的"各尽所能,各取所需"的社会主义的社会)。净土中,物质的享受都是随心所乐而受用的,没有巧取、豪夺、占有、私蓄的现象。关于物质的经济生活,应有二方面:(一)生产,(二)消费。在这二个问题中,消费比生产似更为困难,所以古人曾说:"不患寡而患不均。"一般社会中,有些人享用的、积蓄的超过了需要,有些人却得不到合理的需要,这就是社会动乱的根源。即使遍地是物资,如分配得不合理,争闹还是不可免的,也许闹得更凶。所以佛教的净土中,特别重视消费的均衡、满足。科学进步,如社会能得合理的革新,人人工作二三小时,或者不需要这么久,而人人的生活都可以丰满了。真能达到世间的大同境地,也可以说是佛教净土的部分实现。所以太虚大师说:政治上的无政府的社会主义,与佛教的思想,极为相近。

二、人群生活的净化:第一、离男女的家:佛教的净土,有二类:一是共五乘的人间净土,如将来的弥勒净土、北俱卢洲,这都是有男女的。一是不共的大乘净土,是没有男女差别的。有男有女的净土,以北俱卢洲为例,也没有男女互相占有的俗习。依佛法说,一切衣食住等资生物,都不应据为私有的。"家",是以夫妇的互相占有为基础,而促成私有经济的结合。有了家,世间就引生无边的斗争苦痛。当然,根源还由于内心的烦恼。《佛法概论》引《起世因本经》等,在说到社会发展的时候,曾经谈到:有了家,扩大为种族、国家,政治的相争不已,都是源于经济私有与男女的互相占有。净土的起码条件,就是除掉这男女互相占有的家;或有家的形式,而没有私欲占有的内容。第二、净土是没有种族界限的:我们这个世间,有种族歧视,如白种人瞧不起有色人种,如澳洲的苛刻限止有色人种入境。因种族的优越感,常演成种族的斗争,也是世间罪恶的一大根源。净土是没有这些差别的,生到净土中的人,一律是金色的。印度的种族(varṇa)一词,原为色字,即从肤色及形色的差别而分成种族。佛教的净土,没有肤色的差别,即没有种族界限的。狭隘的国家主义、种族主义,是罪恶世界而不是净土。第三、净土是没有强弱分别的:所以没有侵略、压迫、欺侮等。学德高超的,也是以友好的态度,无代价地协助他人。所以净土中,决没有"强凌弱、众暴寡"的事情。第四、没有怨敌:经里常说:诸上善人聚会一处。是和颜相向,彼此间如兄如弟、如姊如妹的。总之,净土着重于群众的和合共处,是超越了私有的家庭制度和狭隘的国家主义的。有友爱而没有怨敌,这真是达到了天下一家、世界大同的地步。不然,就是把整个世界强力地变为一家,还不是"强凌弱、众暴寡"而已,也就不像净土了。

论到王,净土也有二类:一类是有王的,如说弥勒当来下生的时候,有轮王治世。金轮圣王,不是凭借武力而统治天下的,全由于思想的道德的感化,使人类在理想的生活中,人人能和乐共处。这一类净土,还是有政治组织的。第二类是无王的,这是大乘不共的净土。佛称为法王,这不是说佛陀统治净土的群众,而仅是在思想上、行为上受佛的指导,以期达到更究竟更圆满的境地。这一种净土,没有政治组织形态,近于一般所说的无政府主义。

三、身心的净化:生在净土中的,在诸上善人的教导下,人人是向前进步的。大家一致以佛法——上成佛道、下度众生为理想,照着佛所指引的道路去修学。离贪嗔痴,所以没有老病死的苦痛。都能不退失菩提心,一心一意地修学,为利乐众生而发心趣入大乘。

净土有关于众生界的净化,平等与自由的特质,是必备的。但净土的平等与自由,是着重于思想的教化。众生身心的净化,做到无我、无我所;这决不是由于发展自我,而从严密的统制中得来。从佛法的立场看,世间一般的思想,都是从我、我所出发的,所以都难于达到理想的境地。佛教的净土思想,是应人类的共同要求而出现的;而达到净土的理想与方法,和世间一般的思想不同,即佛法是在无我、无我所的磐石上,去实现自由平等的净土。净土的学者,应正确理解净土的境界!

## 四　弥勒净土

弥勒菩萨,当来下生成佛,这是佛法中所共认的。弥勒(Maitreya),华言慈。修因时,以慈心利他为出发点,所以以慈为姓。一般学佛人,都知道弥勒菩萨住兜率天,有兜率净土;而不知弥勒的净土,实在人间。弥勒在未成佛前,居兜率天内院,这是天国的净化。《佛说观弥勒菩萨上生兜率陀天经》就是说明这个的。求生兜率净土,目的在亲近弥勒,将来好随同弥勒一同来净化的人间,以达到善根的成熟与解脱;不是因为兜率天如何快活。弥勒的净土思想,起初是着重于实现人间净土,而不是天上的,这如《弥勒下生经》所说。《弥勒下生经》,中国曾有五次翻译。说到弥勒下生的时候,有轮王治世。弥勒在龙华树下成佛,三会说法,教化众生。人间净土的实现,身心净化的实现;这真俗、依正的双重净化,同时完成。佛弟子都祝愿弥勒菩萨早来人间,就因为这是人间净土实现的时代。

弥勒人间净土的思想,本于《阿含经》,起初是含得二方面的,但后来的佛弟子,似乎特别重视上生兜率天净土,而忽略了实现弥勒下生的人间净土。佛教原始的净土特质被忽略了,这才偏重于发展为天国的净土、他方的净土。所以《佛法概论》说:净土在他方、天国,还不如说在此人间的好。总之,弥勒净土的第一义,为祈求弥勒早生人间,即要求人间净土的早日实现。至于发愿上生兜率,也还是为了与弥勒同来人间,重心仍在人间的净土。

弥勒净土的真意义逐渐地被忽略,然人间净土,依然是人类的共同要求,照样地活跃于佛弟子的心中。这一发展,应先说明弥勒与"明月"有关。明月,是黑暗中的光明,与太阳的光明不同。清凉与光明,为佛弟子的理想。《弥勒大成佛经》赞颂弥勒说:"光明大三昧,无比功德人。"接着说:"南无满月……一切智人。"这是以满月的辉光形容弥勒的确证。《弥勒菩萨所问经》也说:"遍照明三昧,普光明三昧,普遍照明三昧,宝月三昧,月灯三昧。"由此等文句,可证明弥勒与月光的关系。这象征着此界是五浊恶世,苦痛充满,惟有弥勒菩萨的慈济,才是黑暗的光明。这难怪佛弟子祈求弥勒菩萨的人间净土的实现了!这样,可以说到月光童子或月光童子菩萨了。《月光童子经》最初的译本,是竺法护译的。月光童子,传说即是以火坑毒饭害佛的德护长者的儿子。月光童子或月光菩萨,与弥勒的思想相融合,所以有月光童子菩萨出世,天下太平的传说。可断为苻秦或姚秦时代所译的《申日经》(《月光童子经》异译)说:"月光童子当出于秦国,作圣君,受我经法,兴隆道化。"刘宋失译的《佛说法灭尽经》也有:"月光出世,得相遭值,共兴吾道五十二岁"的预记。月光童子的预言,于中国流行极广。如梁僧祐的《出三藏记集·疑伪录》即载有《观月光菩萨记》、《佛钵记》、《弥勒下教》等书。隋法经《众经目录》,更载有《首罗比丘见月光菩萨经》等。这些,都说到中国经过极度混乱,大火灾,月光童子出现于世。

这时候，天下奉行佛法，世界太平。虽说这是可疑的伪经，但原始的传说见于西来的译典。而且这正可以说明，弥勒人间净土的思想，是怎样在中国广大的佛教人间，起着热烈的盼望！到隋代，那连提梨耶舍译的《德护长者经》(《月光童子经》异译)即说："此童子于阎浮提大隋国内作大国王。"这在佛弟子的心目中，隋文帝是有实现可能的，但在炀帝手中失败了。唐菩提流志译的《宝雨经》也说："月光……第四五百年中，法欲灭时，汝于此赡部洲，东北方摩诃支那国……为自在王。"这是意味着武则天的，但也不曾能发展完成。这种思想，还是永远地存在于佛化中国的人民心中。到盛唐以后，与外道的摩尼教相结合，孕育为"明王出世，天下太平"的思想(当时密宗的本尊，也都有称为明王的)。到元末，发展为秘密组织，这就是历史上有名的白莲教。他们理想中的明王，与弥勒菩萨、月光童子出世的思想还是一脉相承的，所以白莲教也以天下大乱、弥勒出世为号召。至于名为白莲教，那是因为宋代，结白莲社念佛，上至宰相，下至平民，到处非常普遍。但莲社是求生西方，念阿弥陀佛的；白莲教虽采取白莲的名义，而希望弥勒下生，人间净土出现。不过佛教的思想更衰落，融合外道思想，经过秘密组织，越来越神秘了！抗战时期，贵州一位姓龚的，还自说是弥勒佛出世呢。弥勒人间净土，给予中国人的影响极大。可惜的是：中国是儒家思想的天下，佛教不能实现政治的净化；不能引净土的思想而实现于人间，得到正常的发展。明代的朱元璋，曾经出家，又加入白莲教。但朱元璋虽为了生活无着做过和尚，却缺少佛法的正当认识。所以在政治胜利的发展中，他结合了儒家的思想，背叛广大人民的光明愿望,渐与弥勒净土的思想脱节。朱元璋建立的政权,说极权比什么都极权,说封建比任何一朝都封建。月光童子出世和弥勒下生的思想,千多年来的发展,鼓舞了中国人对于人间净土的要求与实行,而一直受着家本位的文化的障碍,不曾实现。所以说弥勒净土,必须理解这人间净土的特性。有的把这人间净土忘却了,剩下求生兜率净土的思想,以为求生兜率,比求生西方净土要来得容易,这是没有多大意义的教说。

## 五　弥陀中心的净土观

### 一　阿弥陀

古人说:"诸经所赞,尽在弥陀",这是的确的。大乘经广说十方净土,但特别着重西方阿弥陀佛的极乐净土。阿弥陀的净土,可说是大乘净土思想的归结。中国佛教特别弘扬西方净土,这不是没有理由的。依佛法说,佛法是平等的,一切佛所证悟的,福德、智慧、大悲、大愿,一切是平等的。所以,如说阿弥陀佛立四十八愿,或说弥陀特别与此土有缘,这都不过是方便说。那么,为什么在无边的净土中,无边的佛中,大乘经特别赞叹西方净土与阿弥陀佛? 这是值得研究的。

梵语 amita,译为无量。阿弥陀佛——无量佛的含义,应有通有别。通,指一切佛,即无量无数的佛。在佛法的弘传中,无量佛的意义特殊化了,成为指方立向的,专指西方极乐世界的阿弥陀佛。这通别二义,虽没有明文可证,但确是显然可见的。今举二部经来证明:一、《观无量寿佛经》,这是专明观西方极乐世界的依正庄严的。第九观,观阿弥陀佛的色身相好。于观想成就时,经上说:"见此事者,即见十方诸佛。""作是观者,名观一切佛身。"意思是说,见阿弥陀佛,即是见十方一切诸佛;观阿弥陀佛,即是观十方一切诸佛。二、《般舟三昧经》,这也是专明阿弥陀佛的念佛三昧。本经一名《十方现在佛悉在前立定经》。修观成时,经里说:"现在诸佛悉在前立。"专观阿弥陀佛,而见现在一切佛,这与《观经》的"见此事者,即见十方诸佛"完全一致。由此可见,观阿弥陀——无量佛,即是观一切佛。虽然以阿弥陀佛为一佛的专名,但对于这一切佛的通义,也还保存不失。阿弥陀,在一切佛中,首先得到名称的优势。这在大乘佛法的"一切即一,一即一切"的意义中,是容易理解的。阿弥陀佛的为人所特别赞叹弘传,这是重要的理由。

在梵语 amita 的后面,附加 ābha——amitābha,译义即成无量光。无量光,是阿弥陀佛的一名。仔细研究起来,阿弥陀佛与太阳是有关系的。印度的婆罗门教,有以太阳为崇拜对象的。佛法虽本无此说,然在大乘普应众机的过程中,太阳崇拜的思想,也就方便地含摄到阿弥陀中。这是从哪里知道的呢?一、《观无量寿佛经》第一观是落日观,再从此逐次观水、观地、观园林、房屋,观阿弥陀佛、观音、势至等。这即是以落日为根本曼荼罗;阿弥陀佛的依正庄严,即依太阳而生起显现。"夕阳无限好,只是近黄昏",这是中国人的看法。在印度,落日作为光明的归宿、依处看。太阳落山,不是没有了,而是一切的光明归藏于此。明天的太阳东升,即是依此为本而显现的。佛法说涅槃为空寂、为寂灭、为本不生；于空寂、寂静、无生中，起无边化用。佛法是以寂灭为本性的；落日也是这样，是光明藏，是一切光明的究极所依。二、《无量寿佛经》（即《大阿弥陀经》）说：礼敬阿弥陀佛，应当"向落日处"。所以，阿弥陀佛不但是西方，而特别重视西方的落日。说得明白些，这实在就是太阳崇拜的净化，摄取太阳崇拜的思想，于一切——无量佛中，引出无量光的佛名。

若在梵语 amita 后面，附加 āyus—amitāyus，译义即是无量寿，这也是阿弥陀佛的一名。大乘经里常说：佛是常住涅槃的，佛入涅槃，不是灰身泯智的没有了，这和日落西山的意义一样。所以佛的寿命，是无量无边的。佛的常住、无量寿，也是一切佛所共同的。

总合地说，阿弥陀——无量，这是根本的，《般舟三昧经》如此。说为无量光，如《鼓音声王陀罗尼经》的阿弥多婆耶。无量寿，如《无量寿佛经》。光是横遍十方的，这如佛的智慧圆满，无所不知。大乘经每于佛说法前，先放光，即是象征慧光的遍照（波斯、印度宗教都崇拜火光，也是看作生命延续的）。光明，在一般人看来，是象征快乐、幸福、自由的。佛法的智慧光，即含摄福德庄严的一切自在、安乐。依世间说，世间都希望前途是光明的，是无限光明的。无限光明——幸福、安乐、自由的希望中，充满了无限的安慰，这是人类的一致企求。无量寿，寿是生命的延续。众生对于生命，有着永久的愿望。因此，耶教教人皈依上帝得永生；道教教人求长生不老。人人有永恒生命的愿望，这是外道神我说的特色。人类意识中的永恒存在的欲求，无论是否确实如此，但确是众生的共欲。这在大乘佛法中，摄取而表现为佛不入涅槃的思想。不入涅槃,即是常住,也即是对于众生要求无限生命的适应。佛的光明是横遍十方的,佛的寿命是竖穷三际的。在无限的光明、无限的寿命中,既代表着一切诸佛的共同德性;又即能适应众生无限光明与寿命的要求。因此,阿弥陀,不但一切即一、一即一切的等于一切诸佛;而无限光明、无量寿命,确能成为一切人的最高崇拜。在后期的密宗的大日如来,也即是以太阳的光明遍照而形成的(太阳,在世俗中就是永恒的光明)。现代修持净土的,每着重在极乐世界的金沙布地、七宝所成等,这在弥陀净土的思想中,显见是过于庸俗了。

无量、无量光、无量寿,为阿弥陀佛的主要意义。但在阿弥陀佛思想的流传中,又与"阿弥唎都"相融合,如"拔一切业障得生净土陀罗尼"(简称"往生咒")所说的"阿弥唎都"。"阿弥唎都"(amṛta,或音译为阿蜜㗚多),为印度传说中的"不死药"(中国人称为仙丹),译为甘露。佛法中用来比喻常住的涅槃,所以有"甘露味"、"甘露门"、"甘露道"、"甘露界"、"甘露雨"等名词。阿弥唎都,音与阿弥陀相近;而意义又一向表示永恒的涅槃,与阿弥陀的意义相合,所以到密宗就或称为"阿弥唎都"了。

## 二　阿弥陀与阿閦

要理解阿弥陀佛的伟大,应从比较中去发明。今先从阿弥陀与阿閦的关系来说。在十方净土中,有二处是古典而又重要的:一、东方的妙喜世界(或称妙乐国土),有佛名阿閦——不动。二、西方的极乐世界,有佛名阿弥陀。阿閦佛土与《大般若经》、《维摩诘经》等有密切关系,着重在菩萨的广大修行而智证如如。汉末,就有《阿閦佛国经》的译本。经中说:此佛以广大行愿成就的世界,是非常清净庄严的;阿閦佛般涅槃后,有香象菩萨位居补处。《般若经》着重菩萨大智,说到他方佛土,即以东方阿閦佛土、香象菩萨等为例。阿难及一切大众,承如来力,见东方阿閦佛土。《维摩诘经》发扬菩萨大行,庄严佛国。这在《维摩诘经》的《见阿閦佛国品》,说到维摩诘是从阿閦佛土没而来生此间的。时会大众,以维摩诘力,见东方阿閦佛国。这是大乘初兴于东方的古典的佛净土。谈到往生阿閦佛国的经典还有许多,不过没有阿弥陀佛极乐世界的普遍。求生阿閦佛土,虽不专重念佛,但也有说到,着重在胜义智慧的体证空寂——法身。如《维摩诘经》说到观佛时说:“观身实相,观佛亦然。”《阿閦佛国经》也说:“如仁者上向见(虚)空,观阿閦佛及诸弟子等并其佛刹,当如是。”一切法如虚空,即一切是法性、法身;这是与般若的思想相应的。中国流行的大乘佛教,重视念佛及净土,但对于这一方面,是太忽略了。

阿弥陀佛,可说与《华严经·入法界品》有关。《入法界品》末,普贤菩萨十大愿王的导归极乐,虽译出极迟,但确是早有的思想。佛陀跋陀罗译的《文殊师利发愿经》,即《普贤行愿品》的颂文。此外,如东晋译的《文殊师利悔过经》、《三曼陀跋陀罗(普贤)菩萨经》,意义也与《行愿品》一样:往生极乐世界。如“忏悔文”称阿弥陀佛为“法界藏身阿弥陀佛”,《无量寿佛经》的列众序德中,说具“普贤行”,这都可见阿弥陀佛与《华严经·入法界品》——《普贤行愿品》的关系。《华严经》的《入法界品》,善财童子五十三参的第一位善知识,就是念佛法门。念佛的国土、名号、相好、降生、说法等,是从假相观着手的,这与《般若经》及《观阿閦佛国经》的着重在真空观,见一切法如即见如来,法门多少不同。《华严经》"兼存有相说",这与后起的密宗及极乐净土思想,都有深刻的关系。《维摩诘经》,一名《不可思议解脱经》,《入法界品》名《大不可思议解脱经》,这也是极有意义,而值得注意的。

再综合来说:有《月明童子经》,说月明菩萨先发心修行求生阿閦佛国;从阿閦佛国没,再生阿弥陀佛国。另有《决定总持经》,说到月施王供养辨积菩萨本生。这位辨积菩萨,即是东方世界阿閦佛;而月施王,即是西方阿弥陀佛。从这二部经看来,是先阿閦而后阿弥陀的。然《贤劫经》说:无忧悦音王,供养护持无限量宝音法师。法师即阿弥陀佛;王即阿閦佛;王的千子,即贤劫千佛。这于贤劫千佛以前,合明阿弥陀佛与阿閦佛;阿弥陀是先于阿閦的。东西二方所表现的净土虽有不同,然从全体佛法说:阿閦译为不动,表慈悲不嗔,常住于菩提心;依般若智,证真如理,这是重于发心及智证的。阿弥陀译为无量,以菩萨无量的大愿大行,如《华严经》所说的十大愿行,庄严佛果功德;一切是无量不可思议。无量——无量寿、无量光,着重佛的果德。所以阿弥陀佛净土为佛果的究竟圆满;阿閦佛净土,为从菩萨发心得无生法忍。这二佛二净土,一在东方,一在西方。如太阳是从东方归到西方的,而菩萨的修行,最初是悟证法性——发真菩提心,从此修行到成佛,也如太阳的从东到西。阿閦佛国,重在证真的如如见道。阿弥陀佛国,重在果德的光寿无量。这在密宗,东方阿閦为金刚部,金刚也是坚牢不动义;西方阿弥陀为莲花部,也有庄严佛果的意义。所以,这一东一西的净土,是说明了菩萨从初发心乃至成佛的完整的菩提道,也可解说为弥陀为本性智,而起阿閦的始觉(先弥陀而后阿閦)。但现在的念佛者,丢下阿閦佛的一边,着重到西方的一边,不知如来果德的无量,必要从菩萨智证的不动而来;惟有"以无所得",才能"得无所碍"。忽略了理性的彻悟,即不能实现果德的一切。所以特重西方净土,不能不专重依果德而起信。不解佛法真意的,不免与一般神教的唯重信仰一样了。在大乘佛教的健全发展中,大乘行者的完整学程中,理智的彻悟与事相的圆满,是二者不可缺一的。印度佛教,即渐有偏颇的倾向;中国的佛教,始终是走向偏锋,不是忽略此,就是忽略彼。如禅者的不事渐修,三藏教典都成了废物;净土行者的专事果德赞仰,少求福慧双修,不求自他兼利,只求离此浊世,往生净土。阿弥陀佛与净土,几乎妇孺咸知;而东方的阿閦佛国,几乎无人听见,听见了也不知道是什么。这是净土思想的大损失!

## 三　阿弥陀与弥勒

阿弥陀佛有净土,弥勒菩萨也有净土,现在从这二种净土的关系来说。前面曾谈到,弥勒菩萨与月亮有关,阿弥陀佛与太阳有关。月亮和太阳的光明是不同的:阿弥陀佛如太阳的光明,是永恒的究竟的光明藏。弥勒菩萨如月亮的光明,月亮是在黑暗中救济众生的。西方净土,代表着佛果的究竟的清净庄严,弥勒净土代表着在五浊恶世来实现理想的净土。也可以说:西方净土是他方净土,容易被误会作逃避现实;而弥勒净土是即此世界而为净土。阿弥陀佛是十方诸佛的特殊化；弥勒菩萨也是这样的，虽不是十方诸佛的特殊化，然是此世界中一切佛的特殊化。这个世界，此时称为贤劫，在贤劫中有千佛出世。《正法华经》说："临寿终时，面见千佛，不堕恶趣。于是寿终生兜率天。"命终的时候，面见千佛，即是贤劫千佛；生兜率天，即是往生弥勒净土。依《观无量寿佛经》等修阿弥陀佛观，可见十方现在佛，生西方极乐世界。而此界的贤劫千佛，净土的实现，与兜率净土相等。贤劫千佛，也是佛佛平等的。面见千佛，升兜率天，如与见现在一切佛，生极乐国比观，即容易明白。约佛果功德的究竟圆满说，弥勒净土是不如弥陀净土的；约切身处世的现实世界说，贤劫中人是希望这个世界的苦痛得到救济，那么月光童子出世与弥勒净土，是更切合实际的。我们学佛，应求成佛的究竟圆满；然对当时当地的要求净化，也应该是正确而需要的。在这点上，弥勒净土的信行，才有特别的意思！

## 四　阿弥陀与药师佛

再把阿弥陀与药师佛来合说：关于药师佛，与密部有关系，先见于密部的《灌顶神咒经》。从药师的名义说，表示佛为大医王，救济世间疾苦的。后来译出的《药师经》，如弥陀有四十八愿，药师如来有十二大愿；有夜叉、罗刹为护法，这是早期的杂密（也称事部）。在初期的大乘经中，是没有它的地位的。此经译到中国来，对于药师佛的东方世界，中国人有一特殊意识，即东方是象征着生长的地方，是代表生机的，故演变为现实人间的消灾延寿。阿弥陀佛在西方，西方是代表秋天的，属于肃杀之气，是死亡的象征。《净土安乐集》解释阿弥陀净土何以在西方时，即这样说："日出处名生，没处名死。藉于死地，神明趣入，其相助便，是故法藏菩萨愿成佛在西，悲接众生"，故西方净土为人死后的所生处。这样，东方药师佛成了现生的消灾延寿；西方的阿弥陀净土，即成了死后的往生。这在中国人心中，有意无意间成了一种很明显的划分。所以西方净土盛行以后，佛法被人误会为学佛即是学死。到此，阿弥陀佛的净土思想，可说变了质。西方净土，本是代表了——无量光无量寿的永恒与福乐的圆满，这哪里是一般所想像的那样！中国人特重西方净土，也即是重佛德而忽略了菩萨的智证大行(阿閦佛国净土)；又忽略了现实人间净土(弥勒净土)的信行；这已经是偏颇的发展了。等到与药师净土对论，弥陀净土也即被误会作"等死""逃生"，这哪里是阿弥陀佛净土的真义！阿弥陀佛净土的信行者，应恢复继承阿弥陀佛的固有精神！

## 六　佛土与众生土

土，即世界或地方，有共同依托义。如说：个人业感的报身是不共，而山河大地等却是共的，即共同能见、共同依托、共同受用。所以，依此世界的众生，能互相增上，彼此损益。佛法是自力的，如《亲友书》说："生天及解脱，自力不由他。"又如俗说："各人吃饭各人饱，各人生死各人了"，此可见佛法为彻底的自力论。但这专就有情业感的生死报体——根身说；若就众生的扶尘根，及一切有情业增上力所成的器世间说，就不能如此了。

众生与众生，在刹土的依托受用中，互相增上，互相损益；佛与众生，在刹土中，也有增上摄益的作用。这样，佛有净土，摄化众生，众生仰承佛力而往生净土，即不是不合理的。世间多有此类事例：如孟子小时候，孟母曾三迁住处，即深知环境的良好或窳恶会影响身心。又如有些人，在某一环境里颇能活动，换一环境就不行了。一般所说的环境能决定意志，也是有它部分的真实性。所以佛与众生辗转增上的净土说，确实是合理的。

《仁王经》说："三贤十圣居果报，唯佛一人登净土"，这是约究竟圆满的常寂光土说；就是最后身菩萨，还有一分业感异熟存在，所以不能与佛净土相应。《智度论》（一○）说：普贤菩萨"不可量，不可说，住处不可知"，也约法性遍一切土说。如约此净土说，求生净土的思想是不会产生的。然而，佛不但究竟圆满地安住最清净法界中，于因中修菩萨行时，也确是以摄取净土、摄化众生为二大任务的。这是大乘行者，对于环境能影响意识也有深刻了解的明证。菩萨庄严净土，一方是由菩萨福德智慧所感得的应有胜德；一方也是为了摄化众生，使众生在良好的环境内，更能好好地修行，而庄严净土。所以一法界中，本无佛无净土可说；而适应众生机感，却确乎有佛有净土，这是大乘的共义。

常寂光土，不摄化众生，姑且不论。先说佛的受用净土。佛以福智庄严，依世俗说胜义，佛也感得究竟圆满的清净土——十八圆满土。分证真如的大地菩萨，生此佛净土中。约佛为自受用净土；约菩萨说，为佛的他受用净土。自他受用净土，经中本少分别。这样的净土中，唯是一乘法。约此净土说，也无求生净土的意义。因为这是菩萨分证真如必然而有的净土，虽没有佛

那样圆满,而遍无差别,无此无彼。如要说为差别,那么经中说:
"十方净土随愿往生",也非一般众生所能求得往生的。

　　经中所说,众生发愿求生的净土,不是受用土,而是佛的应
化净土。应化土,适应众生的机感,示现不同:有唯一乘而无三
乘的,如阿弥陀净土;有通化三乘,有菩萨、有声闻、缘觉的,如阿
閦佛土;有通化五乘的,不但有二乘、菩萨,还有人天乘的,如弥
勒净土——这都是净土。但应化土不一定示现净土,也可应化
秽土;说三乘法的,如释迦的示现娑婆国土。应化土有各式各样
的,都与众生特别有关。然此应化土,究是佛土,还是众生土呢?
世界,不是个人的,是共的。经说佛土,佛应化世界中,摄导众
生,所以说这是某某佛土。约世间说,这不但是佛的,也是众生
的,即众生业感增上有此报土;而佛应化其中,即名佛的应化土。
如释迦示现此间的五乘秽土,弥勒成佛时的五乘净土,众生业感
的因素极为重要。但通化三乘,唯教一乘的净土,即稍有不同。
依大乘经说,佛为摄受众生,现此清净土,固然是佛的净土,然菩
萨在此净土中,除上随佛学外,也是为了摄引一分众生同生净土
的。如极乐世界,不但有阿弥陀佛,还有大势至等诸大菩萨。诸
大菩萨,都是由自己的福慧、善根与佛共同实现净土的。这样的
净土,以佛为主导,以大菩萨为助伴,而共同现成净土;佛菩萨的
悲愿福德力,最为重要。其他未证真实的众生,也来生净土。如
约众生自身,是不够的,这必须:一、佛的愿力加持;二、众生的三
昧力;三、众生的善根力成熟。能这样,众生也生净土去了,这是
阿閦佛国经中说的。佛菩萨成熟了的净土,摄引一分众生于中
修行,是约佛与众生辗转增上相摄说。所以,究竟的佛土,是佛

而非众生的。如释迦刹土、弥勒净土,虽也以善根力、愿力而生,但主要是众生业感土;佛应化其中,不过摄导一分有缘众生而已。佛与众生辗转增上相摄的净土,是菩萨行因时,摄化一分同行同愿者共所创造的,依此摄受一分众生,使众生也参加到净土中来。这是净土施教的真正意义,也是净土的特色所在,如弥陀净土、阿閦净土等。

在佛土与众生土中,还有菩萨净土。证悟真如以上的菩萨,所有净土,唯识家说是佛的他受用土。约菩萨说,即菩萨的自受用土。天台宗说是实报庄严土,与佛的清净法界土,有一分共义,不过没有究竟罢了! 所以由菩萨的福慧,与佛共同受用大乘法乐。可说佛受用土,也可说菩萨受用土。这样,究竟地彻底地说,佛净土,绝对不是唯佛一人,还有许多菩萨。经中说到受用净土,也还是无量大众所围绕。这些菩萨,都由自力来到净土的。应化土,如弥陀、阿閦佛土,有无量菩萨,也不一定是发愿往生的;净土中有佛,即有菩萨。是佛的应化土,也是一分大菩萨的应化土。总之,说到净土,即是诸佛、菩萨与众生辗转互相增上助成的。在佛土与众生土间,不能忽略菩萨与佛共同创造净土、相助摄化众生的意义。

# 七 庄严净土与往生净土

## 一 庄严净土

中国净土宗,发展得非常特别。但知发愿往生,求生净土,而净土从何而来,一向少加留意。一般都以为,有阿弥陀佛,有佛就有净土,而不知阿弥陀佛并不是发愿往生而得净土的。大乘经中,处处都说庄严净土,即菩萨在因地修行时,修无量功德,去庄严国土,到成佛时而圆满成就。现在只听说往生净土,而不听说庄严净土,岂非是偏向了!一切菩萨在修行的过程中,必然的"摄受大愿无边净土",《大般若经》说:以种种世界,种种清净,综合为最极清净最极圆满的世界,菩萨发愿修行去实现它。一切大乘经如此说,如弥陀净土,就是这样的好例。《无量寿佛经》说:阿弥陀佛过去为法藏比丘时,有世自在王佛为他说二百一十亿的净土相。法藏听了这各式各样的不同净土,就发大愿,要实现一最清净最圆满的净土。一切菩萨无不如此,所以说"摄受大愿无边净土",这是菩萨行必备的内容。菩萨的所以摄取净土:一、一切诸佛成就清净庄严净土,菩萨发心学佛,当然也要实现佛那样的净土。二、为什么要实现此净土?不是为自己受用着想,而是为了教化众生。有净土,就可依净土摄化众生;摄引了众生,即可共同地实现净土。摄取净土以摄化众生,这是净土的要义;净土是从为利益众生而庄严所成,不是从自己想安乐而得来的。

　　庄严净土,为大乘行的通义;今且据《维摩诘经》的《佛国品》以阐明菩萨庄严净土的意义。经上说:"众生之类,是菩萨净土。"菩萨修净土,是由于众生类。如造房屋,必以地为基础。菩萨净土,不离众生。惟有在众生中,为了利益众生,才能实现净土。所以净土说不是逃避现实,而是与大乘法相应的。论到"众生之类",是菩萨常从四事观察:即用什么世界能使众生生

起功德？应以什么国土能调伏众生，使烦恼不起？以什么环境，
能使众生生起大乘圣善根来？要以怎样的国土，方能使众生契
悟佛知佛见？因众生的根性不同，生善，灭恶，起大乘善根，入如
来智慧，也就要以各式各样的环境去适应众生，摄化众生；即于
此适应众生的根性好乐中，创造优良的净土，使众生能得生善等
利益。庄严净土，不是为了自己，而是为了大众，此约应机现土
说。约菩萨的修行、摄导众生、成就净土果德说，那么经中又说：
"直心是菩萨净土，菩萨成佛时，不谄众生来生其国；深心是菩
萨净土……"等。简略地说，发菩提心，慈悲喜舍，六度，四摄，
菩萨一切功德行，都是成就净土因。如直心，是质直坦白而无险
曲的心，菩萨以此为法门，以此化众生，即自然地与不谄曲的众
生相摄增上，也能化谄曲的众生心为直心。不谄众生与菩萨结
了法缘，到菩萨成佛时，不谄众生也就来生其国了。庄严净土的
菩萨——摄导者，以六度万行度众生；修六度万行的众生，受了
佛菩萨的感召，也就来生其国。实际上，这样的实现净土，是摄
导者与受摄导者的共同成果。因此，不能想像为实现了的净土，
唯佛一人，而必是互相增上辗转共成的。菩萨是启发的领导者，
要大批的同行同愿者，彼此结成法侣，和合为一地共修福慧，才
能共成净土。约佛说，这是自受用佛土；约菩萨说，这还是菩萨
自力感得的应有净土。不知庄严净土，不知净土何来，而但知求
生净土，是把净土看成神教的天国了。了知净土所来，实行发愿
庄严净土，这才是大乘佛法的正道。往生净土，是从佛与众生辗
转增上的意义中，别开方便。太虚大师示寂后，范古农的悼文中
说：大师倡导的是正常道，他自己行的是方便道。正常道，即大

乘菩萨法的净土正义;方便道,是从正常道而别生出来的。庄严
净土,是集菩萨功德所共同实现的,为大乘法的真义,这是应特
别注意的!

## 二　往生净土

一、一般的往生法:往生净土的法门,有通有别。通是修此
法门,可以往生十方净土;别是特殊的方便,着重于往生极乐
世界。

净土是清净而理想的环境。菩萨庄严净土,为了摄化众生;
众生受了菩萨恩德的感召,即向往而来生其中。于净土修行,多
便利,少障碍,所以必得不退转,不会落入二乘及三恶道中。往
生净土的信行,大乘经是一致的。那么怎样才能往生净土呢?
今略引二经来说明。(一)《维摩诘经》(下)说:"菩萨成就八
法,于此世界行无疮疣,生于净土。"八法是:"饶益众生而不望
报",即纯从利益众生出发,不为自己打算。"代一切众生受诸
苦恼,所作功德尽以施之",苦痛归自己,福乐归他人,真是菩萨
的心行。"等心众生",即以平等心对待众生,使众生得到平等
的地位。对于修大乘法的"菩萨,视之如佛",起尊敬心。"所未
闻(的甚深)经,闻之不疑",不生诽谤心;也"不"以为自己所修
是大乘法,如何深妙,"与声闻而相违背"。真能通了佛法,大小
乘间,是可得合理会通的。"不嫉彼供",即别人得供养,不要嫉
妒他;"不高己利",如自己得利养,不因此而生高傲放逸。"常
省己过,不讼彼短",即多多反省自己的错误,少说别人的过失。
"一心求诸功德"。这八法,是菩萨为人为法,对自对他的正常

道。但能依此修去，就是往生净土的稳当法门。

（二）《除盖障菩萨所问经》（一七）说："菩萨若修十种法者，得生清净诸佛刹土。"十法是："戒行成就"，"行平等心"，"成就广大善根"，"远离世间名闻利养"，"具于净信"，"精进"，"禅定"，"修习多闻"，"利根"，"广行慈心"。《胜天王般若经》、《宝云经》、《宝雨经》都有这样的十法门。如"成就广大善根"，确是往生净土的要诀。《阿弥陀经》也说："不可以少善根福德因缘得生彼国。"《维摩经》与《宝云经》所说的净土法门，是菩萨的常道，不求生净土而自然地生于净土，这是往生净土的必备资粮。

二、特殊的往生法：中国流行的求生净土的念佛法门，即是往生极乐世界的特殊方便行。然往生极乐净土的方法，也是有着不同方便的。现依往生极乐净土的经典，略为条理来说明。

（一）《般舟三昧经》：古典的《般舟三昧经》汉末就有了译本。这部经，说到念阿弥陀佛，见阿弥陀佛，即见现在十方一切佛。着重观西方无量佛为方便，而能见十方的无量佛（《无量寿经》、《观无量寿经》和《佛说阿弥陀经》），就着重于无量寿佛，所以特别着重于"临命终时"）。《般舟三昧经》所说的念佛，是念佛三昧。念，为忆念或思惟。佛身的相好及极乐世界的庄严，都不是一般众生的现前境界，必须因名思义，专心系念，使观境明显地现前，所以念佛即是修念佛观。《阿含经》所说的四念处，三随念——念佛、念法、念僧法门等，也都是这样念的。念是系心一处，令心明记不忘。与念相应的慧心所，于所缘极乐依正的境界，分别观察。这样的念慧相应，安住所缘；如达到"心一境性"——定,就是念佛三昧成就了。如三昧成就时,就见无量佛,也即是见十方佛。得念佛三昧,未得天眼,也并未去佛国,也不是佛来此间,但在三昧中,可以明了见佛。不但见佛,还可以与佛相问答:如何能得生极乐世界?佛即告以当忆念我。不要以为在三昧中见佛问答是奇特的事!这在修持瑜伽行——禅观的,都是如此的。如密宗修到本尊成就;如无著菩萨修弥勒法,见弥勒菩萨,为说《瑜伽论》。忆念阿弥陀佛的方便次第是:先念佛"具有如是三十二相,八十随形好,色身光明如融金聚,具足成就众宝辇舆,放大光明,如师子座,沙门众中说如是法",即是念佛色身或观想念佛。次念佛所说:"一切法本来不坏,亦无坏者。如不坏色乃至不坏识;……乃至不念彼如来,亦不得彼如来。"这是观一切法性空,"得空三昧";即是念佛法身,或实相念佛。这样的念佛,成就了三昧,即可以决定往生西方极乐世界。这样的念佛三昧——三月专修,现在的念佛者是很少能这样的了。

《般舟三昧经》的念佛法门,是着重于自力的禅观;虽有阿弥陀佛的愿力,然要行者得念佛三昧、见佛,才能决定往生。这是不大容易的,为利根上机所修的。所以龙树《大智度论》说:"三昧功难,如夜燃灯,见色不易。"中国古德也说:众生心粗,观行深细,所以不易相应。大概因为不容易,所以一般净土行者即舍而不用,但这的确是求生极乐净土的根本法门!

(二)《普贤行愿品》:《华严经》的《普贤行愿品》也说往生极乐世界。如一般所说:"普贤十大愿王,导归极乐。"这在品末有明显的说明。普贤十大愿王,也名十大行愿。这不但是发愿,还要实际地去修作。以此大愿大行的功德,回向求生极乐世界。在一般所说的难行道与易行道中,此即属于易行道。但《普贤行愿品》不说念佛,而依次说为"礼敬诸佛,称赞如来,广修供养,忏悔业障,随喜功德,请转法轮,请佛住世,常随佛学,恒顺众生,普皆回向"。《普贤行愿品》不像《般舟三昧经》说念佛三昧;也不同《无量寿经》,说专心系念阿弥陀佛的依正庄严,但依普贤的广大行愿而修行,即可以发愿回向,往生极乐。往生极乐的方便,本不限于念佛的。

(三)《无量寿经》:这是中国古德所集的净土三经之一。这部经译来中土也极早,《大智度论》曾明白地说到《无量寿经》是大乘初期流行的经典。中国的译本很多,现存的:1.东汉支娄迦谶的初译。2.吴支谦的再译。这二种译本,文义极相近,可推论为从月支所传来的,今合称为"支本"。3.曹魏康僧铠的三译,简称为"康本"。4.唐菩提流支集译的《大宝积经》——十七、十八卷,名《无量寿佛会》,今简称为"唐本"。5.北宋法贤也有译本,简称"宋本"。在五种译本以外,还有宋代的王日休(自称龙舒居士,即《龙舒净土文》的作者),参照各种译本,重新编写本,这就是普通流行的《大阿弥陀经》,今简称为"王本"。《无量寿经》中,初说阿弥陀佛摄取净土,立四十八愿(古本应为二十四愿),其中即有凡念我而欲生我国的,即得往生的愿文。继之,说极乐世界的依正庄严等事。后论到三辈往生,即明示往生的条件与方法。关于往生的三辈(应名为三品),各种译本所说的虽有些出入,但根本的条件是:念阿弥陀佛,及发愿往生。不念佛,不发愿,即不会往生极乐世界的。所说的念佛,经文但说

"专念"、"忆念"、"思惟"、"常念"、"一心念"。作为《无量寿佛经》略本的,俗称《小阿弥陀经》,有这样的说:"执持名号",在玄奘别译的《称赞净土佛摄受经》即译为"思惟"。所以,执持也是心念执持不忘。阿弥陀佛是他方佛,行者在经里看到或听到佛的名号,于是继之去观想极乐国土的依正庄严,这名为"思惟"或"执持名号"。《无量寿佛经》的念佛法门与《般舟三昧经》相通,都不是口头称念的。一心念佛,发愿往生,这是求生极乐净土的二大根本因,上中下三品,都是一样的。此外,唐本、康本(宋本大同)说得好:上中下三品往生,都要发菩提心。同样的发菩提心,所以又有三品的不同,因为,上品人能专心系念,广修功德——比照别本,即是奉行六度,尤其是广修供养布施;中品人,虽不能专心系念,广修功德,但能随力随分,随己所做的善事,回向净土;下品人,发菩提心而外,但凭一念净心相向,于阿弥陀佛,于大乘经,能深信不疑。《大智度论》(九)也说:虽不广修功德,如烦恼轻薄,信心清净,一心念佛,也就可以发愿往生。支译本所说三品往生的共同行门,是"断爱欲",无论是在家的出家的,求生净土,都要修梵行。还要"慈心,精进,不当嗔怒,斋戒清净"。所不同的,上品是出家的——"作沙门","奉行六波罗蜜"。中品与下品往生的,不出家,不能广修众行,而且是虽知念佛,而不免将信将疑的。其中,中品能随缘为善,"作分檀布施",供养三宝;下品生的,但"一心念欲往生",力最弱。这可见支译本的特色,重在断爱欲;至于要发愿往生,一心念佛,慈悲精进等,还是与唐本康本的精神一样的。一心念佛,有没有不生净土的呢?唐本与康本都说:"唯除五逆(十恶),诽谤正法",

不能往生,此外都是可以往生的。《无量寿经》与《般舟三昧经》的往生法门略不同:《般舟三昧经》专重三昧,往生唯限于定心见佛的;《无量寿经》通于散心,但也还要一心净念相续。可以说,《无量寿经》的化机更广,但除毁谤大乘及五逆十恶而已。

　　一心念佛,要经多少时间,才可往生? 这本是多余的问题,问题在是否念到"一心不乱"。唐本和康本所说,上中二品,没有说到时间长短;下品是"乃至十念","乃至一念"(中国学者即由此演出"十念念佛"法门)。上品中品,都不是短期修行,发心修行到一旦功夫相应,即可以决定往生。下品人,虽善根微薄,但以阿弥陀佛的愿力加持,如能一念或十念的清净心向佛,也可往生。一念,即一刹那;十念,即净心的短期相续。这都是说明佛愿宏深,往生容易,即一念或十念,也可能达到往生目的。一念与十念,支本作"一昼一夜","十昼十夜"。究竟是一念与十念,还是一日夜与十日夜,没有梵本可对证,当然不能决定。但不论是一念或十念,一日夜或十日夜,都是约时间说的。《无量寿经》的往生净土,特别的着重在"临寿终时",这给予中国净土宗的影响极大。《般舟三昧经》着重平时修行,以平时见佛作为往生的确证。《无量寿经》着重临命终时见佛往生。要求往生必先见佛,见佛而后能往生,这还是《般舟三昧经》和《无量寿经》一致的。见佛为往生净土的明证,有三辈人不同,见佛也就不同。上品人,阿弥陀佛与海会大众来迎。中品人,见佛菩萨的化身,或译为:行者心中现见佛菩萨相,这近于定境的见佛。下品人,临命终时,恍恍惚惚,与在梦中见佛一样。三品往生的见佛,支译本说,不但在临命终时,在平时,上品与中品早已梦中见过佛了。这近于《般舟三昧经》的念佛见佛，但以定中为梦中，即降低水准了。《无量寿经》的三辈往生，王本每有误改而不合于《无量寿经》本义的。如：1. 支本的一日一夜或十日十夜，康本、唐本的一念或十念，都约时间而说，而王本修改为"十声"。这因为，王龙舒时代所弘的净土法门，早已是称念佛名；但这对《无量寿经》的本义，是有了重大的变化。2. 唐本与康本，三辈人都须发菩提心，才能往生。支本虽没有说要发菩提心，但也没有说不要发心。王本说到下辈人"不发菩提之心"可以往生，这也是极大的变化。往生西方净土是大乘法门，大乘法建立于发菩提心，离了发菩提心，即不成其为大乘了。所以世亲菩萨的《净土论》说："二乘种不生。"西方极乐世界，是一乘净土；生到极乐世界的，都不退转于无上菩提。所以，一心念佛、求生净土、发菩提心，实是净土法门的根本条件。《无量寿经》也如此说，而王本却如此地改了。虽然不发菩提心可以生极乐世界，也有经典的文证；但《无量寿经》的本义，却决不如此！

　　（四）《观无量寿佛经》：《观无量寿佛经》也是净土三经的一经。这部经，给予中国净土思想的影响更大。此经的译出极迟，刘宋时，畺良耶舍译。本经开宗明义说："欲生彼国者，当修三福：一者、孝养父母，奉事师长，慈心不杀，修十善业。二者、受持三皈，具足众戒，不犯威仪。三者、发菩提心，深信因果，读诵大乘，劝进行者。如此三事，名为净业。此三种业，乃是过去未来现在三世诸佛净业正因。"这三者，初是共世间善行；次是共三乘善行；后是大乘善行。求生净土，这三者才是正常的净因。可惜，后代的净土行者舍"正因"而偏取"助因"——方便道行，净土法门的净化身心世界的真意义,这才不能充分地实现!

本经约禅观次第,观阿弥陀佛的依正庄严,发愿回向,共为十六观。初观落日,即以落日为曼荼罗,从此观成极乐世界的依正庄严。第八为无量寿佛"像想"(总观佛相);第九为"遍观一切色想",即从观色身相好,而进观佛心慈悲功德法身。十四、十五、十六,即明三品往生。三品各分三生,成九品,即一般所说九品往生的根据。以《观经》与《无量寿经》对比,即显得《观经》的态度更宽容,摄机更广大了。往生净土的上品人,都是发菩提心的——"一者至诚心(《维摩经》作直心),二者深心,三者回向发愿心"。如"慈心不杀具诸戒行","读诵大乘方等经典","修行六念回向发愿",是上品上生。如"不能读诵大乘方等经典",而能"善解第一义谛","深信因果不谤大乘",是上品中生。如"但发无上道心","信因果不谤大乘",即是上品下生。上品所修的,即前三净业中的第三类。中品往生的,都是三业善净的人,即人中的善人。如"修行诸戒,不造五逆,无众过患",是中品上生。若"一日一夜"持戒清净的,是中品中生。若不曾受持律仪,如世间君子正人,平时能"孝养父母,行世仁慈",临命终时,听到阿弥陀佛依正庄严,发心往生,即是中品下生。中品所修的,即前三净业中的前二类。所以生了净土,都先得四果。下品往生的,都是一些恶人。如有"作众恶业",但还"不诽谤方等经典",可得下品上生。如"毁犯戒"、"偷僧物"、"不净说法"(为了名利而弘法)的,可成下品中生。如"作不善业,五逆十恶"的,也还能得下品下生。下品人,如此罪恶深重,平时不修净业,怎么"命欲终时",以善知识的教令"合掌叉手称南无阿弥

陀佛"，就能往生净土呢？"佛经意趣，难知难解"！如不能善解
经义，是会自误误他的！

《观无量寿佛经》所说的，与《无量寿经》有三点显著的不
同。1.《无量寿经》说：往生净土的人，都要发菩提心；但《观经》
中品以下的往生者，都是不曾发菩提心的（王日休即据此而修
改《大阿弥陀经》）。2.《无量寿经》明说："唯除诽谤深法，五逆
十恶"；而《观经》即恶人得往生为下品。3. 关于恶人，《无量寿
佛经》的支本，于阿弥陀佛的愿文中，曾说（相当于三辈的下辈
人）："前世作恶"，今生"悔过为道作善"，而不是说今生的恶
人——五逆十恶等；而《观经》以下品三生为现生作恶者。这可
见，《观经》的摄机更为广大，平时不发大菩提心，不修佛法，为
非作歹，只要临命终时，知道悔改，也就可以往生了。

有一特殊的意义，即宗教的施设教化，在于给人类以不绝望
的安慰。若肯定地说，这种人决无办法了，这在大悲普利的意义
上，是不圆满的。任何人，无论到了什么地步，只要能真实地回
心，忏悔向善，这还是有光明前途的。大乘（一分小乘也公认）
法说：定业也是可以转变的。所以，可以作如此的解说：五逆十
恶而不能往生的，约不曾回心向善愿生净土说。《观经》说广作
众恶——五逆十恶人也能下品往生，是约临命终时，能回心说
的。净土三根普被，大乘善行，共三乘善行，共五乘善行，乃至应
堕地狱的恶行人，都能摄受回向。这在佛教大悲普利的立场，善
恶由心的意义，凡是肯回心而归向无限光明永恒存在的，当然可
以新生而同登净土的。但这里有一大问题，不可误会！平生不
曾听闻过佛法，或一向生在邪见家，陷在恶行的环境里；或烦恼

过强,环境太坏,虽作恶而善根不断,等临命终时,得到善知识的教诲,能心生惭愧,痛悔前非,即是下品往生的根机。若一般人,早已做沙门,做居士,听过佛法,甚至也会谈谈,也知道怎样是善的,怎样是不善的,而依旧为非作恶,自以为只要临命终时,能十念乃至一念即可往生,这可大错特错了。或者以为,一切都不关紧要,临终十念即往生,何况我时常念佛,以为一句"南无阿弥陀佛",一切都有了,所以虽在佛法中,不曾修功德,持斋戒,对人对法,还是常人一样的颠倒,胡作妄为。这样的误解,不但不能勉人为善,反而误人为恶了。所以《观无量寿佛经》的恶人往生,经文非常明白,是临命终时,再没有别的方法;确能回心向善的,这才临终十念,即得往生。如平时或劝人平时修行念佛的,决不宜引此为满足,自误误人! 这譬如荒年缺粮,吃秕糠也是难得希有的了。在平时,如专教人吃秕糠,以大米白面为多事,这岂不是颠倒误人!

《观经》,本为观佛依正庄严的念佛,但上品中品,着重于善根功德的发愿回向。除中品下生(一向不学佛法的善人而外),应该都能或多或少、或久或暂的修观。中品下生及下品三人,除发愿回向外,着重于称名念佛——"合掌叉手,称南无阿弥陀佛"。因为临命终时,已无法教他观想了。依《观经》,称名念佛,也是专为一切恶人临命终时施设的方便法门。后代的净土行者,不论什么人,只是教人专心口念"南无阿弥陀佛",这哪里是《观经》的本意? 当然,称名念佛法门,不限临命终时,也是古已有之,而不是中国人所创开的方便。

(五)《鼓音声王陀罗尼经》:往生净土的法门,还有持咒,这与密宗更接近了。宋罥良耶舍所传的往生咒,以为"能灭四重、五逆、十恶、谤方等罪"。还有梁失译的《鼓音声王陀罗尼经》,此经于开示十日十夜的念佛法门而外,又加以十日十夜的持诵"鼓音声王大陀罗尼"。现在一般净土行者,于念佛后都加念往生咒。西藏所传,还有弥陀与长寿法合修等。

## 八  称名与念佛

称名与念佛,中国的净土学者是把它合而为一的。但在经中,念佛是念佛,称名是称名,本来是各别的。论到佛法,本是一味的,依释尊的教化为根本。因适应众生的机宜,小心小行的是小乘,大心大行的是大乘。虽法门有大小差别,而佛法要义还是根源于一味的佛法而来。念佛与称名,也是如此。

念佛是禅观,是念佛三昧,这是大小乘所共的。《智度论》(七)说:"念佛三昧,有二种:一者声闻法中,于一佛身,心眼见满十方。二者菩萨道,于无量佛土中,念三世十方佛。"大乘小乘的根本差别,还是有十方佛与无十方佛的不同。密宗的修天色身,也是念佛三昧。不过他们所修的本尊,已从佛而转为菩萨,从菩萨而转为夜叉、罗刹的忿怒身,所以不说观佛而称为修天了。于三昧中见佛,佛为他灌顶、说法,这在大乘与小乘、显教与密教,也都是一样的。罗什所译的《禅秘要法经》(中)第十八观、《坐禅三昧经》(上)治等分法,这都是声闻念佛三昧,(下)专念十方佛生身法身,为大乘念佛三昧。又如《思惟略要法》中,所说"得观像定","生身观法","法身观法",是共声闻的。

次说"十方诸佛观法","观无量寿佛法",即是大乘的念佛三昧。还有宋昙摩密多译的《五门禅经要用法》,也说有大小乘的念佛三昧。如要知念佛三昧的修行次第,可检读这几部禅经。《般舟三昧经》也有次第可依。十六《观经》的依落日为曼荼罗,生起极乐世界的依正庄严,都是修行念佛三昧的过程。这都要专修定慧,才能成就。

一般的持名念佛,经论作"称名"。称名,本不是佛教修行的方法,是佛弟子日常生活中的宗教仪式。如佛弟子皈依三宝,皈依礼敬时,就称说"南无佛"、"南无法"、"南无僧"。一分声闻及大乘教,有十方佛,那就应简别而称"南无某某佛"了。佛弟子时时称名,特别是礼佛时。所以称佛名号,与礼敬诸佛、称扬赞叹佛有关,都是诚敬皈依于佛的心情表现于身口的行为。

念佛,《阿含经》中本来就有了。如念佛、念法、念僧的三随念;或加念施、念天、念戒,名六念法门(《观无量寿佛经》还提到六念),这是系心思惟的念。据经律中说:佛弟子在病苦时,或于旷野孤独无伴时,或亲爱离别时,或遭受恐怖威胁时(如《佛法概论》所引),在这种情形下,佛即开念佛(念法念僧)法门。佛有无量功德,相好庄严,大慈大悲,于念佛时,即会觉得有伟大的力量来覆护他;病苦、恐怖、忧虑等痛苦即能因而消除。观光明圆满自在庄严的佛,在人忧悲苦恼时,确是能得到安慰的。这虽为共一般宗教的,但佛法是合乎人情的,也应有此法门。

人在这样的情形下念佛,极自然的会同时称呼佛名。世间上也有这种现象,如人遇到患难恐怖而无法可想时,就会想到父母,同时会呼爷唤娘。世间,唯有爷娘是最关心与爱护自己的,想到父母，唤起爷娘，精神似就有了寄托，苦痛也多少减少了。又如俗说"人急呼天"，也是这种意义。所以在人们恐怖危险关头，即会奉行佛说的念佛法门，同时也会口称"南无佛"。这样，称名与念佛的方法，在佛教的发展中极自然地融合为一了。人在危难中称名念佛而得救的传说，在印度是极普遍的。现略说一二：一、《撰集百缘经》（九）有"海生商主缘"。海生在大海中，遇到狂风大浪，飘堕罗刹鬼国，因称念南无佛而得解免。二、《贤愚因缘经》有"尸利苾提缘"（四）、"富那奇缘"（六），都说到入海遇摩竭大鱼的灾难，一时无所皈依，因称念南无佛而得解免。三、马鸣《大庄严经论》（一〇）有"称南无佛得罗汉缘"。有人来出家，舍利弗等以为他没有善根，不肯度他。佛度了他，不久即得阿罗汉。佛因此说：他在过去生中，遭遇老虎的危险时，口称南无佛，种下了解脱善根。《法华经》说："一称南无佛，皆共成佛道"，也是这同一的思想。称念佛名，不但免苦难，而且种善根。这在大乘教中，称名念佛，即得除多劫恶业，而为生净土的因缘了。这些故事，不但大乘有，小乘也有。所以称念佛名，是佛教内极普遍的宗教行为。

　　口称南无佛，是表示皈依礼敬的诚意，而求佛加持的，姑举净土二经为证：一、《阿閦佛国经》的唐译——《不动佛国会》（《大宝积经》十八）说：听法的大众，听了阿閦佛国的清净庄严，即面"向彼如来，合掌顶礼而三唱言：南无不动如来"。由于佛的愿力，即"遥见彼妙喜世界（阿閦佛土）不动如来及声闻众"。二、支译本的《无量寿佛经》说听了极乐国土的如何庄严，弥勒菩萨要见极乐世界，佛就教他，"当向日所没处，为阿弥陀佛作

礼,以头脑着地言:南无阿弥陀三耶三佛檀"。这样,极乐世界
当下就分明现前了。这虽不是为了免难,但也含有请佛加持的
意思。小乘法但称南无佛,大乘法称念南无某某佛。依传说的
因缘及大乘的经证,可见称念佛名是佛教界极普遍的。不过,以
称名为佛教重要的修行法门,这不特在声闻教中少有,在初期的
大乘经中,也还不重要。如《般舟三昧经》一卷本,虽说生极乐
世界,"当念我名",然异译的三卷本、古代失译的《跋陀菩萨
经》、唐译的《大集经·贤护分》,这些同本异译,都但说"常念
佛"。般舟三昧的念佛,是系心正念的观念。《无量寿佛经》也
还是重在专念思惟的。到十六《观经》,说下品恶人在紧要关
头——临命终时,无法教他专念思惟,所以教他称念南无阿弥陀
佛。称名而能往生,唯见于《观经》的下品人。即平时作恶,临
命终时,别无他法可想,才教他称名;称名实在是不得已的救急
救难的方便。口头称名,当然是容易的,但不要忘记,这是无法
可想的不得已呀!

　　龙树《十住毗婆沙论》(五)说:有难行道、易行道。易行道,
也是念佛的。所说的念佛,初依《大乘宝月童子所问经》说"应
当念十方诸佛,称其名号",次说称念阿弥陀佛等,又次说念十
方诸大菩萨,称其名号。大乘经中,说有六方六佛、七佛、十方十
佛等称名法门。以称念佛菩萨名,为学佛者的修行方便,在龙树
时代,已极为普遍了。

　　称念佛名,从上说来,是有两个意思的:一、有危急苦痛而无
法可想时,教他们称念佛名。二、为无力修学高深法门,特开此
方便,开口就会,容易修学。这可举一事为证:晋末所作的《外

国记》中说："安息(即现在的伊朗)国人,不识佛法,居边地,鄙质愚气。时有鹦鹉,其色黄金,青白文饰。……若欲养我,可唱佛名。……王臣叹异曰:此是阿弥陀佛,化作鸟身,引摄边鄙,岂非现生往生。……每斋日修念佛……以其以来,安息国人,少识佛法,往生净土者盖多矣。"不识佛法,而净土法大行,这岂非是通俗法门的证明。所以汉及三国时,从月支、安息、康居——印度西北方而来的译师,所译经典都传有念佛与称名法门。称名,本来算不得佛法的修行法门;传到安息等地,由于鄙地无识,不能了解大乘慈悲、般若的实相深法,只好曲被下根,广弘称名的法门了。

　　从《般舟三昧经》的定心念佛,到《无量寿经》的定心及散心念佛,再转到十六《观经》的定心及散心念佛,甚至临命终时的称名念佛,所被的根机逐渐普遍,而法门也逐渐低浅,中国人的理解佛法,虽不是安息、康居可比,但受了西域译经传法者的影响,称名念佛的易行道也就广大地流行起来。从不得已着想,称念佛名,到底知有三宝,也是极为难得的。然从完满的深广的佛法说,就应该不断地向上进步!

　　中国的念佛法门,是初传说庐山十八高贤,结白莲社念佛。但考究起来,也还是重于系心念佛。如慧远即曾于定中见阿弥陀佛,正是《般舟三昧经》的法门。到北魏昙鸾,依世亲《往生净土论》,着重于称名念佛。到唐代,净宗大德光明寺善导,传说念一声佛,放一道光,这是有名的称名念佛的大师。其后,法照、少康,不但称名,而五会念佛,更以音声作佛事,不但摄化净土行者,连小孩也都来参加念佛。称名念佛,从此成为中国唯一的念佛法门了,简直与安息国差不多。宋朝,王公大臣结白莲社,每集数万人念佛;以及近代的净宗大德印光大师,都是以称名念佛为唯一法门的。易行道的称念佛名,约教化的普及说,确是值得赞叹的! 但大乘法的深义大行,也就因此而大大的被忽略了!

## 九　易行道与难行道

称名念佛,是易行道。横超三界,十念往生。这因为,仗弥陀的慈悲愿力,他力易行。净宗大德,大都结论为如此。然考究经论所说的难行道与易行道,却别有一番道理。

弘扬净土的大德居士,都以龙树《十住毗婆沙论》为据,明念佛是易行道。然龙树也还是依《弥勒菩萨所问经》来的,大家却不知道。此经,菩提流志译,编于《大宝积经》的一百十一卷;西晋竺法护已有翻译。经中说:"弥勒菩萨于过去世修菩萨行,常乐摄取佛国,庄严佛国。我(释尊)于往昔修菩萨行,常乐摄取众生,庄严众生。"这可见,释迦以下度众生为行,弥勒以摄取净土为行。这即是难行道与易行道的差别。所以说:"弥勒菩萨往昔修菩萨道时,不能(难行能行,难忍能忍的)施舍手足头目,但以善巧方便安乐之道,积集无上正等菩提。"所说善巧方便安乐道,即弥勒菩萨"昼夜各三,正衣束体,下膝着地,向于十方说此偈言:我悔一切过,劝助众道德,归命礼诸佛,令得无上慧"(晋译)。《宝积经》广说,即礼敬诸佛、忏悔、发愿、随喜、请佛说法、请佛住世、随顺佛菩萨学,与普贤十大愿王颂略同。这是易行道,易行的意义,即安乐行,以摄取净佛国土为主。而释迦佛所修的是难行道，所以说："我昔求道，受苦无量，乃能积集阿耨多罗三藐三菩提。"经中即举释迦往昔生中，月光王抉眼本生，以明悲心救度众生苦痛的事证，这是难行道。难行的意义，即难行能行、难忍能忍的苦行。因此，释迦发心，愿"于五浊恶世，贪嗔垢重诸恶众生，不孝父母，不敬师长，乃至眷属不相和睦"时成佛；而弥勒发心，"若有众生薄淫怒痴，成就十善"的净国土，才成正觉。虽然大乘法是相通的，佛菩萨愿行是平等的，但大乘的初学者，确是不妨以种种门入佛道（如《智论·往生品》说），而有此二大流的。如龙树《智度论》说："菩萨有二种：一者有慈悲心，多为众生；二者多集诸佛功德。乐多集诸佛功德者，至一乘清净无量佛世界。"这可见，弥勒所代表的净土法门，即多集诸佛功德的善巧方便行。菩萨初学佛道，可以有偏重一门的，一以成就众生为先，一以庄严佛土为先。理解得佛法真义，这不过是菩萨行初修时的偏重，所以有智增上、悲增上，或随信行、随法行等。而圆满究竟菩提、庄严佛国与救度众生，是不能有所欠缺的。这样，学佛最初下手，有此二方便：或从念佛、礼佛等下手；或从布施、持戒、忍辱等下手。后是难行道，为大悲利益众生的苦行；前是易行道，为善巧方便的安乐行。其实这是众生根机的差别，在修学的过程中，是可以统一的。

易行道，即多集佛功德的净土行。依《弥勒菩萨所问经》说，即与普贤十大行愿相同。但经论中，不一定为十事。最重要的，是忏悔、随喜、劝请。一、竺法护译的《佛说文殊悔过经》说：（一）悔罪，（二）发心，（三）劝助。劝助中有随顺佛学、劝请说法、劝请住世、供养。行此等法，以忏悔为主。罗什译的《思惟要略法》也说："若宿罪因缘，（念佛）不见诸佛者，当一日一夜，六时忏、随喜、劝请，渐自得见。"天台家因此而立五悔法。二、聂道真译的《曼陀跋陀罗菩萨经》说：（一）忏悔，（二）忍，即赞许（称赞如来），（三）礼拜，（四）愿乐，即随喜，（五）劝请（说法、住世），（六）持施，即回向。此上——《文殊经》与《普贤经》所说，大致与《行愿品》同。三、唐那提译的《离垢慧菩萨所问礼佛法经》说：（一）礼拜，（二）忏悔，（三）劝请，（四）回向，（五）发愿，这是以礼佛为主的。龙树论中也多明此行，如《十住毗婆沙论》说：念佛（含得礼佛）、忏悔、劝请（说法、住世）、随喜、回向。印度修大乘菩萨行者，常常行此方便行的。《智论》（七）说："菩萨法，昼三时，夜三时，常行三事：即忏悔、随喜、劝请说法及住世。"又说："菩萨礼佛三品：一者悔过品，二者随喜回向品，三者劝请诸佛品。"（六一）这都是在礼佛时行的，内容等于中国的（八十八佛等）忏悔文；简略的，即观文的十愿。觉贤所译的《文殊师利发愿经》，即四十华严《普贤行愿品》的行愿颂。这大乘法门与文殊及普贤，特有关系。龙树菩萨发愿颂，略同。这可见方便善巧易行道——乐集诸佛功德的净土行，本不限于十事，十事是随顺《华严经》的体裁而行。《行愿品》的礼敬诸佛、称赞如来、广修供养（佛），即与念佛（观想或称名）相等。此为特殊的宗教行仪，因为这是修集佛功德的方便，忏悔的方便。印度菩萨法，一日六时行道，次数多而时间短。中国早晚课诵，意义相同，但次数少而时间长，每使人引起倦退心，实不如次数多而时间短为妙。中国集众共修，所以不得不次数少而时间长，不免失去了易行道的妙用。易行道（不但是念佛），确与净土有关。如以为修此即可成佛,那就执文害义,不能通达佛法意趣了!

　　这可依龙树论而得到正当的见地;一般所说的易行道,也就是根据龙树论的。龙树《十住毗婆沙论》说到菩萨要积集福德智慧资粮,要有怎样的功德法,才能得阿惟越致——不退转。或者感觉到菩萨道难行,所以问:"阿惟越致地者,行诸难行,久乃可得,或堕声闻辟支佛地……若诸佛所说有易行道,疾得至阿惟越致地方便者,愿为说之。"这是请问易行道的方法。龙树说:"如汝所说,是儜弱怯劣,无有大心,非是丈夫志干之言也。"简单地说,如有这样心境,根本没有菩萨的风格。龙树对于易行道的仰求者——怯弱下劣者,真是给他当头一棒。然而,佛菩萨慈悲为本,为了摄引这样的众生修菩萨行,所以也为说易行道。所以接着说:"汝若必欲闻此方便,今当说之。佛法有无量门,如世间道,有难有易,陆道步行则苦(难行),水道乘船则乐(易行)。菩萨道亦如是,或有勤行精进(难行道),或有以信方便易行。"难行即苦行,易行即乐行,论意极为分明,与成佛的迟速无关。说到易行道,就是"念十方诸佛,称其名号","更有阿弥陀等诸佛,亦应恭敬礼拜称其名号","忆念礼拜,以偈称赞"。易行道的仰求者,以为一心念佛,万事皆办,所以龙树又告诉他:"求阿惟越致地者,非但忆念、称名、礼敬而已,复应于诸佛所,忏悔、劝请、随喜、回向。"这可见易行道不单是念佛,即《行愿品》的十大行愿等。能这样的修行易行道,即"福力增长,心地调柔……信诸佛菩萨甚深清净、第一功德已,愍伤众生",接着即说六波罗蜜。这可见:念佛、忏悔、劝请,实为增长福力,调柔自心的方便,因此,才能于佛法的甚深第一义生信解心,于苦痛

众生生悲愍心,进修六度万行的菩萨行。这样,易行道虽说发愿
而生净土,于净土修行,而也就是难行道的前方便。经论一致地
说:念佛能忏除业障,积集福德,为除障修福的妙方便,但不以此
为究竟。而从来的中国净土行者,"一人传虚,万人传实",以为
龙树说易行道,念佛一门,无事不办,这未免辜负龙树菩萨的慈
悲了!

　　礼佛、念佛、赞佛、随喜、回向、劝请,特别是口头称名,这比
起舍身舍心去为人为法、忍苦忍难的菩萨行,当然是容易得多,
这是易行道的本义。通常以为由于弥陀的慈悲愿力,所以能念
佛往生,横出三界,名易行道,这并非经论本意。修此等易行道,
生净土中,容易修行,没有障碍,这确是经论所说的。但易行道
却是难于成佛,难行道反而容易成佛。这如《宝积经·弥勒菩
萨所问会》中说:释迦过去所行的是难行苦行道,弥勒所行的是
易行乐行道。弥勒发心比释迦早四十劫,"久已证得无生法
忍"——得不退转,结果释迦比弥勒先成佛,弥勒还待当来下生
成佛。不是易行道难成佛、难行道易成佛的铁证吗?

　　弥勒修易行道,所以迟成佛。释迦修难行道,所以先成佛。
然据传说:释迦七日七夜说偈赞佛,超九劫成佛。说偈赞佛,是
易行道,这不是易行道速成佛吗? 这是一般所容易怀疑的,应略
为解说。易行道与难行道,本不过从初下手说。初学者有此二
类分别;到成佛,摄取众生与摄取佛土的功德,都是要圆满的。
但这不能证明易行道易成,反而是难行道易成的事证。据传说,
当时"释迦菩萨……心未纯淑,而诸弟子心皆纯淑;又弥勒菩萨
心已纯淑,而弟子未纯淑"。这因为:"释迦菩萨,饶益众生心

多,自为身少故;弥勒菩萨多为己身,少为众生故。"(《智度论》四)这显然是说:释迦行难行道,多化众生。弟子心已纯淑,即释迦的利他功德圆满,但自利功德还不足。弥勒菩萨多修净土行,久证无生忍,自心已纯淑了,而一向少为众生,少修难行大行,弟子的心未纯淑,即弥勒的利他功德没有圆满。所以,释迦的精进赞佛而速成,恰好是先修难行道易成佛的证明。这如画龙与点睛,都是不可缺的,如摄取众生与庄严净土,是成佛所一定要圆满的。释迦修难行道,如先画龙身,等到龙身画成,精进赞佛如点睛,一点即成龙了。弥勒从易行道入手,如先点龙睛,睛虽一点就成,而龙身却不能仓卒画好,如利他功德的不能速成。这样,释迦的超九劫而先成佛,实由于久修难行道,"饶益众生心多"。其实,这都为初学者作方便说,学菩萨法而成佛,一切功德都是要圆满修集的。易行道难成,难行道易成,这确是古圣经论的正说。

众生在秽土修行虽容易退失,生净土中,环境好,不再退转,但论修行的速率,秽土修行比在净土修行快得多。如《大阿弥陀经》(下)说:"世尊!……(在此娑婆浊世)为德立善,慈心正意,斋戒清净,如是一昼一夜,胜于阿弥陀佛刹百岁。"《维摩经》也说:"此土菩萨,于诸众生大悲坚固,诚如所言。然其一世饶益众生,多于彼国(净土)百千劫行。所以者何?此娑婆界有十事善法,诸余净土之所无有。"十事,即六波罗蜜等。净土是七宝所成的,衣食等一切无问题,即无布施功德。秽土人恶,要修忍辱,净土都是诸上善人,即不需修忍辱行。此土有杀盗淫妄诸事,所以要持戒,净土女人都没有,或男女不相占有,即没有淫戒可持。生活所需，一切圆满，即没有偷盗可戒。这种种功德，生到净土中，都难于进修。这等于太平盛世，"英雄无用武之地"，无从表显他的才能与救国救人的大功绩。秽土是难行的，然因为难行，所以是伟大的。释迦牟尼佛秽土修行成佛，为十方诸佛之所称赞。如《阿弥陀经》中说："彼诸佛等，亦称赞我不可思议功德，而作是言：释迦牟尼佛，能为甚难希有之事，能于娑婆国土五浊恶世……得阿耨多罗三藐三菩提。"《除盖障菩萨所问经》（二）及《宝云经》、《宝雨经》、《胜天王般若经》等，都说到秽土修行比净土高超得多。龙树《智度论》（十）说得最为明切："娑婆世界中，乐因缘少，有三恶道老病死，……心生大厌，以是故智慧根利。彼（净土）间菩萨，七宝世界，种种宝树，心念饮食，应意即得。如是生厌心（不满现实）难，是故智慧不能大利。譬如利刀，著好饮食中，刀便生垢。……若以石磨之，垢除刀利。是菩萨亦如是，生杂（秽）世界中，利根难近。如人少小勤苦，多有所能。"秽土是苦痛的，然发心行菩萨道，却是最殊胜的，这无怪释尊发心迟而成佛早。易行道容易得不退转，但一生净土，即进度迟缓。秽土修行难得不退，如打破难关，就可一往直前而成佛了。易行与难行，秽土与净土，实各有长处。上来，一从经论证明，一从事实证明。理解了经论的意趣，才得佛法的妙用。易行道与难行道，都是希有方便。"菩提所缘，缘苦众生。"为众生苦，为正法衰，而发菩提心，为大乘法的正常道。善巧方便安乐道，也是微妙法门，依此而行，可积集功德，忏除业障，立定信心，稳当修行，不会堕落！虽然，佛法住世，还得有为法为人而献身命、精进苦行的才得！

依上来的论究,可得这样的结论:净土,应以阿弥陀极乐净土为圆满,以弥勒的人间净土为切要;以阿閦佛土的住慈悲心、住如法性为根本因,以阿弥陀佛土的行愿庄严为究极果。在修持净土的法门中,首先要着重净土正因。要知道,难行道,实在是易成道。如自己觉得心性怯弱,业障深重,可兼修方便善巧的安乐道——易行道:时时念佛,多多忏悔。如机教相投,想专修阿弥陀佛的净土行,可依传说为阿弥陀化身——永明延寿大师的万善同归。多集善根,多修净业,这才是千稳万当的!末了,善巧方便乐行道的净土行者,必须记着经论的圣训:"不可以少善根福德因缘得生彼国"(《阿弥陀经》),"欲得阿鞞跋致(不退转)地者,非但称名忆念礼拜而已"(《十住毗婆沙论》)。这样,才能得乐行道的妙用,不致辜负了佛菩萨的慈悲!

（续明、演培记）

# 二 念佛浅说

——一九五三年冬在台北善导寺讲

## 一 佛 七

佛七,是简称,具足说应该叫做结七念佛。念佛是大乘的通泛法门,小乘中也有。但现在,专指大乘的念阿弥陀佛。念佛,本来有多种念法,而现在是专指称名念佛。七,是七日,在印度早就有小七、大七的二种:小七就是七天,大七是七七四十九天。结七,如结界一样,在一定的时限中——小七或大七,专心修学。结七不一定念佛,如参禅有禅七。但现在是佛七,即在七日中,专心称念南无阿弥陀佛。

普通的念佛有二种:一是定时念佛,如我们早晚功课的念佛,有一定的时间。二是平时念佛,这是在行住坐卧的日常生活中念佛。定时念佛,因为时间太短,不容易达到一心不乱的目的;平时念佛,又都是散心念佛,不容易专精,更不易一心不乱。因此除了这二种念佛之外,再来结七念佛。结七念佛是一种加行,在这七天之内,摆脱一切的世俗杂务与其他法门的修持,专心一意地念佛,这样才容易实现一心不乱。平时念佛,犹如小火烧水,因为火力太小,不容易煮滚一锅水。定时念佛,犹如断断续续地烧开水,火力虽强,但为时短暂,时断时续,也不能煮滚。现在的结七念佛,犹如一方面加强火力,一方面继续不断,在这样的情形下,很容易把水煮滚了。念佛所要达到的一心不乱,在这加行的结七念佛中,是最易成就的。

　　佛七法会,与其他法会不同。其他的法会,大都是纪念性质,逢佛菩萨诞生或其他的因缘,集会庆祝、纪念,加强我们对佛法的信行与唤起我们应负的责任。佛七的目标,是愿求往生极乐世界。要往生,就要以念佛为方法,达到一心不乱为关键。这是佛七的根本意义,大家来参加法会,称念佛名,这是应该首先了解的。

## 二　阿弥陀佛与极乐世界

### 一　阿弥陀佛

　　结七念佛,是称念阿弥陀佛,愿求往生极乐世界。所以阿弥陀佛与极乐世界,应先作一简要的解说。

　　佛是觉者,凡圆满自觉、觉他功德、断尽一切烦恼习气的,皆名为佛。阿弥陀佛是诸佛之一,但因他表征非常的胜德,所以在诸佛净土中,特别在中国,阿弥陀佛有着广大的崇高的尊敬。古德说:"诸经所赞,尽在弥陀。"我们打开藏经来看,的确大乘经中多数是赞扬阿弥陀佛及其净土的。要明白这里面的所以然,可从"阿弥陀"的名义去理解。

阿弥陀,平常都说是无量光或无量寿。其实,无量光是阿弥陀婆耶,无量寿是阿弥陀庾斯,这都是阿弥陀而又另加字义的。阿弥陀的根本义,译为中国话,是无量,故阿弥陀佛即是无量佛。无量是究竟、圆满、不可限量。如有限量就不能包含一切,无量才含摄得一切的功德。不但佛的光、寿无量,佛的智慧、愿力、神通,什么都是无量的。不过众生特重光明与寿命,所以又顺应众生,特说光、寿无量而已。

一切佛的功德莫不究竟、圆满、无有限量,而阿弥陀佛却以无量得名。以德立名,着重在一即一切、一切即一的圆满果德。《般舟三昧经》说:观阿弥陀佛成就时,即见一切佛。《观无量寿佛经》也说:观阿弥陀佛成就,即见一切佛。观佛,是以一佛身相功德为对象,心心观察,等到观行成就了,阿弥陀佛现前。观阿弥陀佛,应该只见一佛现前;而经说以观阿弥陀佛方便,即见一切。因为阿弥陀是无量,无量即是一切,故见无量佛,即见一切佛现在前。佛法说佛佛道同,千佛万佛皆同一佛,毫无差别,平等平等。声闻乘中说:一切佛的法身、意乐、功德,一切平等。声闻法尚且如此,何况大乘? 一佛即是一切佛,一切佛即是一佛,故见一佛等于见一切佛。阿弥陀译义为无量,此名表显了一切佛的究竟果德,这是阿弥陀佛的本义。十方三世一切佛,无量无边,似乎漫无统绪,所以由阿弥陀代表一切佛,显示一切佛的共同佛德。一切经的赞叹阿弥陀佛,也等于赞叹一切。从泛称的无量佛,成为一佛的特名,来表彰佛佛道同,在名字上,阿弥陀佛得到了优越的胜利,所以学佛者的信念,自然地集中到阿弥陀佛。

有人说:阿弥陀佛是一切佛的根本佛,这是不尽然的。佛佛具足三身,佛与佛间有什么本末? 又有人说:阿弥陀佛的愿力大——四十八愿,与娑婆世界特别有缘,所以大家信仰阿弥陀佛。这也是方便说,佛的誓愿无量无边,岂止四十八愿? 佛的愿力,平等平等,有何差别? 佛是要度尽一切众生的,除了娑婆世界以外的,难道不是阿弥陀佛所要化度的众生? 如依这种方便说,便不能显出阿弥陀佛的特胜。

上就名称方面讲,再从阿弥陀佛所表的特殊功德说。在一切佛中,阿弥陀佛表显的特殊功德,就是慈悲救济。当然佛佛皆有慈悲救济,慈悲救济不只是阿弥陀佛的。但这里是就佛法的表德说。如观音的大悲,普贤的大行,文殊的大智,都是约所表的特德说。阿弥陀佛法会,有观音、大势至二菩萨,观音菩萨也是以大悲救济为特德的,然观音与阿弥陀佛的慈悲救济有着重心的不同。观音菩萨的救济,着重在一般性的世间现实的,如人世间水火风灾的救济,贫穷、疾病、无儿无女的救济等。阿弥陀佛着重在解脱生死,导入佛智。一般世间的众生,生死流转,无有着落处。在苦难的浊土中,又不容易成办解脱生死、成佛度生的大业,所以以悲愿庄严净土,摄受众生,作为修行了生死,自度度他的阶梯。因为一生净土,便得不退转,直线向上。阿弥陀佛的特德,是这样的慈悲救济;一切佛的慈悲功德,由阿弥陀佛的功德表彰出来。例如在一个政府的组织中,有掌外交,有掌内政,有掌军事,各司其职。掌外交的,不一定不懂内政;掌军事的,不一定不懂外交。不过在共同的组织下,代表一部门而已。

佛菩萨的特德也如是，阿弥陀佛表彰了佛果的慈悲救济的特德。普贤、文殊、观音等表彰了菩萨的大行、大智、大悲的特德。以慈悲救济的佛教说：佛中以阿弥陀佛为代表，菩萨中以观音菩萨为代表。俗语说"家家弥陀，户户观音"，这并不是无因的。弥陀、观音的慈悲救世，接近众生，深入人心，所以才会家喻户晓。

## 二　极乐世界

极乐世界是净土。说到净土的有无，若对教内人说，以圣教量为证，当然不成问题。若以此而向不信佛教的外界说，便起不了作用。因为你以佛说为教量，他可以神说的吠陀、《新旧约》与《可兰经》为教量。各信所信，并不能解决问题，使他起信。要说明净土的有无，也不用天眼远见，也不用神通往来，因为天眼与神通，在不信者，会把你看作错觉幻觉的。所以，应该以合理的论证来说明。佛教说世界无量数，这在过去是难以使人信受的，而现在却不成问题。天文学家承认除了这个地球之外，像地球那样的还有无数的世界。既承认世界不是一个，而是极多极多，那么进一步说，在无数的世界中，一定有比我们更好的世界，也有比我们更坏的世界，世界决非完全一模一样。我们这个世界，并不是最理想的；更好的，更理想的世界，就是净土。佛法说，净土不只一个，极乐世界就是无数净土中的一个。至于说西方，方向本是没有绝对性的，东看是西，西看是东。向东向西都可以。如我们要到欧洲，一直向西，一直向东都可以。不过在无限量的宇宙中，依据我们所住的世界，日出日落的方向观念，指说为西方（日落处，含有深意，见《净土新论》）。这样的指方立向,多一层事实的肯定,容易使人们起决定信。极乐世界,虽你我都没有见到,都没有去过,然据理而论,这是完全可能的。是可能的,是佛说的,为什么不信?

说到净土的状态,应该知道,这是适应众生根机,在众生可能想像的范围中加以叙述的。如佛出印度,现有印度所推重的三十二相;日本的佛像,每蓄有日式短须;缅甸的佛像,人中特短,这皆是通过主观心理而反映出来的。佛的净土也如此,也是经过主观而表达出来的。佛出印度,佛说的净土,也是适应当时印度人的可能信解而叙述的。真正的净土,依我看,比经上说的实在还应该要美满庄严得多!净土的情况,可分三点来说:

一、自然界的丰美:根据《阿弥陀经》及《观无量寿佛经》的说明,极乐净土自然界是非常的庄严。土地平坦,没有崎岖山陵;没有昼夜,长在光明中;宝树成行;金沙布地。物质生活的享受极为丰富,生活所需的,取之不尽,用之不竭。可以自由取给,不像我们娑婆世界的贫苦穷乏,不平等。

二、人事界的胜乐:我们这个秽恶的世界,人与人之间充满了斗争、嫉妒、嗔恨,造成无边的苦痛。极乐世界与此处适得其反,人与人间平等和乐。走兽根本没有,飞禽都是变化所生。凡是生到极乐世界的都是功德殊胜的诸上善人,一生补处的菩萨就不少。菩萨与声闻圣者无量无数,再次的,也是一心一意修学清净佛道的善人。在良师益友的策励下,都能不断地向上。所以不但和乐,而且非常殊胜。

三、身心的清净:生极乐世界的,都是莲花化生。由于自己的愿力,佛菩萨的悲愿,不须父母为缘,化生于莲花中。佛经所说的佛菩萨,每处莲花座。莲花为出于淤泥而清净的,离了一切烦恼,得到身心清净,成为圣者,所以以莲花的出尘不染为喻。修念佛行而生净土,所以也是化生于莲花中的。极乐净土中,身无老、病、死苦。一般的胎生、卵生、湿生,皆有老、病之苦,化生是没有这些痛苦的。其他的化生,也有死苦。而极乐世界的众生,在未得无生法忍前,决不会死亡的;得了无生忍,也不会再感死苦。净土中不但没有身体的老、病、死苦,连心中的烦恼——贪、嗔、痴苦也没有。初生净土的众生,烦恼习气当然未曾断除,但由于环境的特胜,虽有烦恼,而缘缺不生。净土的黄金如粪土,物质所需可以自由取给,还生什么贪心? 诸上善人,共聚一处,和乐融洽,哪里会起嗔心? 正信正行,当然不会起邪见等痴心。起烦恼的因缘不具足,当然不会有烦恼,所以身心都非常清净。

由于自然界的丰美,众生界的胜乐,身心界的清净,所以名为极乐世界。这世界为阿弥陀佛无边功德所庄严,为摄化众生的方便而成立,发愿求生净土,就以此为目标。

## 三　念佛法门三特征

念佛(称念阿弥陀佛)法门,有三种特征:一、他增上,二、易行道,三、异方便。此三者,在一切佛法中,无论是大乘或小乘,本来都是普遍具有的,不过糅合这三点而专门阐扬显示的,唯是念佛净土法门。

一、他增上:他增上的反面,是自增上。修学佛法,有依自力和依他力二种，自力即自增上，他力是他增上。我常说佛法重于自力，但并不是说到自力，便完全否定他力，因为他力也是确实存在的。例如一个人生存于世间，不能专靠自力或他力，而是依着自他力的辗转增上。如小孩必由父母养育，师长训导，一直到长大成人，在社会上也还得依靠朋友。同时他所需要的衣服饮食等资生物，也都不是全由自力供给。所以就世间法说，一个人的生存，决无专赖自力而可以孤独存在的。佛法中，如声闻乘特重自力，但也不能不依靠他力。如皈依三宝，即是依三宝的加持力；在修学的时候，也须要师长同学的引导与勉励。特别是受戒，要经三师、七证、三白羯磨，戒体才得成就。若犯僧伽婆尸沙重戒，则须依于二十清净大德，至心忏悔，罪垢才能蠲除。这仅就小乘说，实则一切佛法莫不如此。我平常总是说，佛法是专重自力的，所谓"各人生死各人了"，这话本是绝对的正确。如佛的儿子，佛的兄弟，若不自己努力修学，佛也不能代他们了生死。但这并非没有他力，不过任何事情的成办，一切他力，都要透过与自力的合理关系。诸佛、菩萨、罗汉，以及师长道友，固能给予我们助力，但这种助力，必经我们自力的接受和运用，才能显出它的功能。所以外来的力量并非无用，而是要看我们自己有没有能力去接受它，运用它。假如自己毫不努力，一切都依赖他力，那是绝不可能的。比方患贫血症，可以输血补救，但若身体坏到极点，别人的血也是救不了的。换句话说，必须自身还有生存能力，然后才能吸受他人之血，以增强自己的身命。

接受他力，最要紧的是自觉到有一种力量在支持我们。如小孩正在害怕时，有人对他说：你妈妈就在身边呢！立刻就会发生一种强大的力量,使他不再害怕。这因为,小孩自己知道母亲是他的保护者,所以一听说妈妈,便无所畏惧了。一般人,特别是怯弱的人,当他沉沦在苦恼绝望之中,一旦自觉到有某种力量支持他,便能做出很多平时所不能做的事情。一个国家亦如此,当发生危急困难时,若有其他国家发表支援的声明,人心便会转趋安定,而发挥出莫大力量,克服困难。如自己不求改进,那么外力的援助,不能拯救这一国家的危亡。他力,要依自力而成为力量。有时,明明是自力,却可以化自力为他力,因而增进自力的。如夜晚走路,有人怕鬼便唱起山歌来。听到了自己的歌声,好像有了同伴,有了支持他的力量,使他不感孤独,不再怕鬼。又如小孩害怕的时候,即使母亲在他的旁边,而他自己不晓得,还是一样的害怕。反之,母亲并不在,听人说母亲就来了,也会使他坚强起来。所以,外来的他力,或者只是自力化而为他力,只要自己知道,知道外来有某种力量,确能援助自己,即能发生效用。称念阿弥陀佛,依佛力而往生净土,即是他力。但从上解说,我们可以知道,确有阿弥陀佛,但如不知不信不行,也仍然无用,不得往生西方。一分学佛者,为了赞扬阿弥陀佛,不免讲得离经。一只鹦鹉,学会念"阿弥陀佛",一只鹅跟着绕佛,都说它们往生西方。大家想想,鹦鹉与鹅,真能明了阿弥陀佛与极乐世界吗?也有信有愿吗?

自力与他力,必须互相辗转增上。如果专靠他力而忽略自力,即与神教无异;依佛法说,便不合因果律。不管世间法也好,佛法也好,若能着重自力,自己努力向上,自然会有他力来助成。如古语说:"自助者人助之。"不然,单有他力也帮不了忙,所以

佛教是特重自力的宗教。大凡一个人的能力越强,自力的精神
也就越强。如小孩的生存能力薄弱,即依赖他力,渐渐长大,生
存能力渐强,自力的表现也就渐渐明显。故佛法的他力法门,如
阿弥陀佛的净土法门,龙树与马鸣等都说是为志性怯劣的初心
人说。教法被机而设,这是特为能力差的怯弱众生说的。念佛
法门,是属于他力的,依阿弥陀佛慈悲愿力的摄受,才有往生净
土的可能;若没有阿弥陀佛的慈悲愿力,则不能往生。

　　二、易行道:易行道这名称出《十住毗婆沙论》。龙树说:菩
萨得不退转,要修四摄、六度种种难行苦行,极不容易。于是有
人就问:有没有比较容易行的? 龙树即批评说:这是下劣根性,
无大丈夫气。菩萨学佛,应难行能行,勇往直前,不该自卑。但
为了适应根性,他毕竟还是依经而说出易行道。易行道并非专
指念佛,而是概括普贤的十大愿,即礼佛、赞佛、供养佛等。这些
所以被称为易行道,是因为容易学,容易做,并不是说学了这些
法门就容易成佛。如《普贤行愿品》所说的念佛、礼佛、赞佛、供
养佛等等,都是嘴里念,心里想。就是供佛,也是在观想中供养。
所以易行道的易行,即在乎自心观想,不须依具体事物去实行。
不能胜解观修,口头念也可以。从口头诵持,再引起内心的思
惟。若真正赞佛,就得造偈如实称叹。真正供佛,就得不惜牺牲
一切而作供养,这就难行了。易行道,即依缘佛果位的种种功
德,而去观想或称念。这原出自《弥勒菩萨功德经》,说释迦佛
因中修难行道,精勤苦行,发愿于五浊恶世成等正觉,而弥勒则
是修的易行道,故将来在净土成佛。约此说,一般的念佛、赞佛、
随喜、忏悔、劝请、回向,可以增长善根,消除业障,都是属于易行

道。念阿弥陀佛，就是易行道的一种。《十住论》说易行道念佛，也并不是专念阿弥陀佛的。易行道的礼佛、赞佛、供养佛等，处处以佛为中心。菩萨修布施、持戒、六度等行，是难行道。龙树说：菩萨发心有依大悲心修种种难行苦行；有依信精进心，乐集佛功德，往生净土的。这二种，也即是初学的二门路：前者从悲心出发，修难行道；后者从信愿出发，修易行道。然易行道也就是难行的前方便，两者并非格格不入。《十住毗婆沙论》说：易行道不但是念佛，包含念菩萨、供养、忏悔、随喜等等，菩萨依此行门去修，到信心增长的时候，即能担当悲智的难行苦行。对于初心怯劣的根性，一下子叫他发心修大悲大智，是受不了的，或即退心不学。故修学佛法，不妨先依易行道，渐次转进增上，至信愿具足，而后才修难行道。这么说来，易行与难行二道，仅为相对的差别，并非绝对的隔离。

　　念阿弥陀佛，是易行道，易行是不太劳苦的意思。《十住论》说：或步行而去，或乘舟而去。乘舟而去，身心不感劳苦，如易行道，但比步行而去，不一定先达目的地。有些学者，为了赞扬净土法门的易行，说什么"横出三界"，"径路修行"。从激发念佛来说，不失为方便巧说；如依佛法实义，误解易行道为容易了生死，容易成佛，那显然是出于经论之外，全属人情的曲说！

　　三、异方便：异方便名称出《法华经》："更以异方便，助显第一义。"这异方便，也就是《大乘起信论》的胜方便，其意义可解说为特殊或差别。《摄大乘论》大乘的十种殊胜，古译为十种差别。玄奘译阿赖耶（种子）"亲生自果功能差别"，古人即译作"胜功能"。所以异方便、胜方便、差别方便，都是一样，为同一梵语的不同译法。

方便有两种：一正方便，二异方便。《法华经》说："正直舍方便，但说无上道。"这不是不要方便，而是说，在一乘大法中，要舍弃那不合时机的方便，而更用另一种方便来显示第一义。

正方便，即三乘共修的方便。佛为声闻说戒、定、慧三无漏学，及无常、苦、无我、不净等观门，使众生厌生死苦而出离世间。但这是容易沉溺于独善厌世的深坑，所以到了大乘，除了对无常、苦、无我、不净等给以新解说而外，更有异方便来教导。但异方便不是声闻法中所完全没有的，只不过大乘中特别重视而已。这就是修塔供养，兴建庙宇，画佛图像；乃至一低头，一举手，或一称南无佛，皆可成佛道等。这种种方便，特重佛功德的赞仰，着重于庄严。如《法华经》的长者璎珞庄严，与穷子的除粪，怎样的气派不同！又如华严海会，何等的焜皇严丽？与小乘大大不同。不着重苦与不净，而反说乐、净。依乐得乐，如《维摩诘经》说的："先以欲钩牵，后令入佛智。"这种方便，在小乘是不大容许的（除了定乐）。大乘强调佛果的无边庄严，总摄一切福德，故特发扬此一教说。异方便很多，《法华经》所列举的如何如何"皆可成佛道"都是。念阿弥陀佛而生净土，《起信论》即明说为胜方便，所以念佛是异方便之一。

他增上及易行道，一切佛法中普遍存在，不过大乘较为着重。异方便，小乘只有一些痕迹，而大乘则大为弘扬。尤其是念阿弥陀佛的净土法门，糅合这三方面，着重这三方面，这才在佛法中露出一个崭新的面目。比之于小乘，显然有着很大的差异。

我们若不念佛则已，如欲提倡念佛，便非从这些意义去把握不可。这才能认清念佛法门的特胜处。中国素重圆融,有人从禅净融通去解说,说什么"唯心净土,自性弥陀"。这对于有取有舍有念的净土法门,实际是不能表现法门特色的。法门各有差别,真正的念佛,还是依专门修持净土法门的去认识。

## 四　念佛三要

一、信:念佛法门,以信、愿、行为三要,缺一不可。念佛为佛法的一门,所以修净土法门的,对佛法应有正确的信解。净土经中所说,素来不知佛法的,到临命终时,得到善知识的引导,能专诚恳切地念阿弥陀佛,便可以往生净土。这是不得已的方便,因为人到临死,时间无多,不能再为开导其他的佛法,只好以简易的阿弥陀佛教他持诵。若说平时学佛,只凭一句阿弥陀佛,别的什么都不要,就可以往生,这与神教的因信得救有什么差别? 所以佛教中基本的道理,如因果、善恶、轮回解脱等,都应有一明确的信解,这就是信三宝、信四谛等。假使对这些基本的道理缺乏坚信,疑惑不定,说他念佛便可往生,实在是笑话! 所以修净土的人,先要坚定佛法中的基本信念,然后再加净土法门的特殊信念。特殊信心有二:

(一)信阿弥陀佛的依正功德:修净土的人,不但确信净土的实有,而且还要信得净土的清净庄严,是极理想的乐土;信阿弥陀佛成佛以来,说法十劫,有无量功德。但更根本的,是要信阿弥陀佛的慈悲愿力极深、极广、极有大力。依佛自证说:因圆果满,自己受用法乐,当然有良好环境的净土。然从如来发心为他说:阿弥陀佛在因地时,作法藏比丘,曾在世自在王佛前,观种种清净世界,而后立愿,要总合一切清净世界的严净,庄严自己的净土,成一极乐世界,以作摄化众生的道场。众生生到净土后,以各种善缘具足,容易修学,成办道业。从这悲愿教化的观点去看,净土是佛为众生而预备的,是摄化众生的大方便。只要众生能发愿往生,决定可以得到接引,这是阿弥陀佛的大愿——四十八愿的根本特胜。能信得,十念、一日乃至七日,皆可往生极乐世界。如缺乏或不能坚定这一特殊信念,那么虽信有阿弥陀佛与净土,也还是不够的。

没有真智,没有断障,就能往生净土,站在自力的因果立场,是有问题的。满身烦恼恶业的众生,没有修集戒、定、慧的圣道,怎会有进入净土的资格?没有净因,怎能获得净果?所以唯识家说:称念阿弥陀佛,往生净土,是别时意趣。这是说,现生念佛,使众生信解有佛,积集善种;将来再生人间,修布施、持戒,辗转增上,定慧成就,可以往生净土,并不是说现生念佛,便可往生。这譬如说"一本万利",约辗转说,并非一下子就有万倍利息。这是纯依自力的说法,身心清净,才可与净土相应,生净土中。若以唯识家所说十八圆满受用土说,非地上菩萨不可。即以胜应身的方便有余土说,在小乘是罗汉,在大乘也要伏断我执。然而,依龙树所说中观大乘,有易行道法门,称念弥陀,命终可得往生的。这关键就在:众生自力是不够的,依于阿弥陀佛的慈悲愿力的摄受,才有可能。所以信修净土法门,如对弥陀本愿力缺乏深刻信念,即是信心不具足,不能达成往生的目的。

(二)信念佛法门的殊胜德用:一般地说:称名念佛,只要心口相应,称念六字洪名,念到身心清净,一心不乱,便可往生净土。如此推重念佛法门,还没有充分显出念佛法门的特胜。如念阿弥陀佛心得清净,念其他的佛、菩萨、经典、咒语,一切都可以得心清净,得心不乱,何必特别弘扬净土法门? 所以除了信阿弥陀佛的慈悲愿力而外,更要信往生净土的特殊德用,这就是:往生极乐净土,在信阿弥陀佛的悲愿摄引外,更要信"一心不乱"为获得弥陀愿力摄引的条件,一心不乱,才能往生。如能往生,决定不退,在修学菩萨道的过程中,最为稳当。能确立了这二个信念,然后发愿修行,才能精进而达往生的希望。

二、愿:信与愿不同,勿以为有了信,必然有愿;要知凡愿必定有信,有信未必有愿。总论佛法,有信心,当然要有愿行。然佛法中法门无量,不问它了义的、不了义的,方便的、真实的,都各有其特质,有其作用。这些无边法门虽有信仰,虽有广泛的宏愿——无量法门誓愿学,但在现生的修学中,不一定要样样法门都发愿去修持。故深信净土,不一定发愿而求往生。现在人每每缺乏合理的分别,如见你不挂念珠,不虔诚念(阿弥陀)佛,就以为你对净土法门没有信心。以为你如能信仰净土法门,为什么不专精修学! 这实在是极不合逻辑的。如我们对社会的各种正当事业,觉得都有好处,对人类,对国家都极为需要,但决不能样样去做,只能拣择志趣相投的作为个人的终生事业。修学佛法也如是,法门无量,应该信,应该愿学,但切实修学的,只能选择与自己意趣好乐相适合的,便由信而进一步的发愿去实行。所以愿必有信——愿由信来,而深信却不一定有愿行。

净土法门的愿,除愿成佛道,愿度众生普通愿而外,主要是愿生彼国。愿生彼国，约目的说。然在实行中，应该有深一层的愿求，就是愿得弥陀佛本愿的摄受，回向文中，即有此意。约佛本身说，佛是无时不在悲愿摄受众生。可是众生自己不自动地发愿要求摄受，接受佛陀的悲愿，便不能为佛所摄受，佛与众生间便脱了节。如海中救生艇，投下救生圈或绳索，若落海者心愿登舟脱险，却不想接受救生圈或绳索，试问如何可以得救？所以往生净土，要仗阿弥陀佛的慈光摄受，尤须众生的发愿，愿意接受佛陀的本愿。众生愿与佛愿相合应，往生净土才有可能。要知道佛要遍救一切众生，众生本身不起信愿，缺乏被救资格，佛也无能为力。这也即是上面所说的他力要通过自力。如太阳光明普照一切，但不照覆盆之下；佛愿遍度一切众生，但度不了无出离心、不愿接受救济的众生。佛是大能，而不是全能万能。在救济一切众生时，众生有着自己的因果关系，佛并不能想到做到。否则，这世界早就没有众生了！所以愿生净土，是所愿的目的；愿受阿弥陀佛悲愿的摄受，才是发愿的实质。

　　三、行：概括地说，行有二：一是往生净土的助行；一是往生净土的主行。以净土三经说，《阿弥陀经》说："不可以少善根福德因缘得生彼国。"可见要培植深厚的善根，增长种种福德，以作生净土的资粮。《观无量寿经》说有三品，如孝敬父母、布施、持戒、读诵大乘等。大本《阿弥陀经》也说到布施、持戒等。这些善根福德，修净土的人应该随分随力去做，使善根增长，福德增胜。往生净土，念佛是正因，培植善根福德是助缘。有些念佛人，好走偏锋，以为生死事大，念佛都来不及，哪里还有功夫去修杂行，专持一句南无阿弥陀佛就得了。如告以"不可以少善根福德因缘得生彼国"的经文,他却巧辩地说:能听到阿弥陀佛的,就是宿植善根,广修福德因缘了。这是多大的误解! 经说"不可以少善根福德因缘得生彼国",并非说"不可以少善根福德因缘得闻佛名"。求生极乐净土,助行还是需要的。但念一句弥陀的,只有适用于"平时不烧香,临(命终)时抱佛脚"的恶人(见《观经》);一般人平时修学,应该随分修集福德因缘,以此功德回向净土。永明大师的万善同归,是比较稳当而正确的说法。

往生净土的主行,就是称念"南无阿弥陀佛"。南无是皈投依向义,内含希求阿弥陀佛悲愿加持的意义。现在的念佛法门,非常流行,往往失去了本义。称念是净土行,照净土法门说,应该依信、愿而起行。可是有些念佛人,不解念佛之所以,既无信,又无愿,这与净土法门当然不合。有些念佛的,以念佛为冥资。有些为了家庭的烦恼而念,为了生意或政治的失意而念。一心念佛,以精神集中,身体心理都得到某种清净,某种喜乐,或泛起某种特殊心境。于是便自以为得了受用,沾沾自喜,逢人便说念佛好! 念佛当然很好,但这还不是真正的净土行者,还不是净土法门的真利益。充其量,这不过是类似的定境(正定也极为难得),只是由于精神集中,减少了内心的散乱、浮动,减少一些烦恼而已。如以此为目的,何必一定要念"南无阿弥陀佛"! 念佛生净土,当然会有这种心境,而且更好。若仅此而无信无愿,是不能往生的。所以净土法门的修行(念佛),要在深信诚愿的基础上,要在渴仰弥陀本愿的摄受中去念。空空洞洞的行,不会与阿弥陀佛的慈悲愿力相呼应,不相应便不能生净土。

信愿行的总合，是净土法门的要诀！三者具足，即得往生。依他力而往生，这不妨举喻来说：如美国或某国，为东方人办了几个学校，欢迎我们去留学，可以供给膳宿，甚至可以供给交通工具，他愿意我们去，只要我们肯去。如我们对他没有信心，或自己不发生兴趣，这当然不能去了。假使你有信有愿，愿意去一趟，但还缺少一件，还要彼此同意的证明文件——护照。护照签了字，你就可坐他的飞机到那边去。这如净土行人，在阿弥陀佛的慈悲愿力中，有信、有愿，又加上称念阿弥陀佛的签字手续，自然可以达到净土的目的地。净土法门的三要，如鼎三足，缺一不可。不具足三要而称念弥陀，等于一纸伪造文件，起不到实际作用。

## 五　念　佛

一、念：净土法门，一般都以称名念佛为主，以为称名就是念佛。其实，称名并不等于念佛，念佛可以不称名，而称名也不一定是念佛的。

要知道，念是心念。念为心所法之一，为五别境中的念心所。它的意义是系念，心在某一境界上转，明记不忘，好像我们的心系在某一境界上那样。通常说的忆念，都指系念过去的境界。而此处所指称的念，通于三世，是系念境界而使分明现前。念，是佛法的一种修行方法，如数息观又名安般念，还有六念门，以及三十七道品中的四念处，都以念为修法。要得定，就必修此念，由念而后得定。经里说，我们的心，烦动散乱，或此或彼，刹那不住,必须给予一物,使令攀缘依止,然后能渐渐安住。如小狗东跑西撞,若把它拴在木桩上,它转绕一会,自然会停歇下来,就地而卧。心亦如此,若能系念一处,即可由之得定。不但定由此而来,就是修观修慧,也莫不以念为必备条件。故念于佛法中,极为重要。

念有种种,以所念的对象为差别,如念佛、法、僧、四谛等。现说念佛,以佛为所念境界,心在佛境上转,如依此得定,即名为念佛三昧。然念重专切,如不专不切,念便不易现前明了,定即不易成就。要使心不散乱,不向其他路上去,而专集中于一境,修念才有成功的可能。经中喻说:有人得罪国王,将被杀戮。国王以满满的一碗油,要他拿着从大街上走,如能一滴不使溢出外面,即赦免他的死罪。这人因受了生命的威胁,一心一意顾视着手里的碗。路上有人唱歌跳舞,他不闻不看;有人打架争吵,他也不管;乃至车马奔驰等种种境物,他都无暇一顾,而唯一意护视油碗。他终于将油送到国王指定的目的地,没有泼出一滴,因此得免处死。这如众生陷溺于无常世间,受着生死苦难的逼迫,欲想出离生死,摆脱三界的系缚,即须修念,专心一意地念。不为可贪可爱的五欲境界所转;于可嗔境不起嗔恨;有散乱境现前,心也不为所动。这样专一系念,贪嗔烦动不起,心即归一,寂然而住。于是乎得定发慧,无边功德皆由此而出。反之,若不修念,定心不成,虽读经学教,布施持戒,都不能得到佛法的殊胜功德,不过多获一点知识,多修一些福业而已。

二、念佛:念佛,一般人但知口念,而不晓得除此以外,还有更具深义的念佛。如仅是口称佛名,心不系念,实是不能称为念佛的。真正的念,要心心系念佛境,分明不忘。然佛所显现的境界,在凡夫心境,不出名、相、分别的三类。

依名起念:这即是一般的称名念佛,是依名句文身起念,如称"南无阿弥陀佛"六字,即是名。而名内有义,依此名句系念于佛——以"南无阿弥陀佛"作念境。这是依名起念,故称名也是念佛。

不过,称念佛名,必须了解佛名所含的意义,如什么都不知道,或以佛名为冥资等,虽也可成念境,或由此得定,但终不能往生极乐。这算不得念佛的净土法门,因为他不曾了解极乐世界的情形和阿弥陀佛的慈悲愿力。无信无愿,泛泛称名,这与鹦鹉学语、留声机的念佛,实在相差不多。有一故事:有师徒两个,徒弟极笨,师父教他念佛,他始终念不来,老是问师父怎样念。师父气不过,骂他道:"你这笨货!"并且把他赶跑。可是他却记住了,到深山里去,一天到晚念着"你这笨货,你这笨货"。后来师父又去找他,见他将饭锅子反着洗,觉得徒弟已得功夫。便问他这一向修的什么功,他说就是师父教我的:"你这笨货。"师父笑道:"这是我骂你,你怎把它当佛在念?"一经点破,徒弟了解这是骂人的话,所得的小小功力便失去了。心系一境而不加分别,可以生起这种类似的定境,引发某种超常能力。但一加说破,心即起疑,定力也就退失。当然,称名念佛,决不但是如此的,否则何须念佛,随便念桌子板凳,不也是一样吗? 须知道,阿弥陀佛是名,而名内包含得佛的依正庄严,佛的慈悲愿力,佛的无边功德。必须深切了解,才能起深切的信愿,从信愿中去称名念佛,求生净土。

依相起念:这是观想念佛,念阿弥陀佛或其他的佛都可以。或先观佛像,把佛的相好庄严谨记在心,历历分明,然后静坐系念佛相。这种念佛观,也可令心得定。我遇见的念佛的人,就有静坐摄心,一下子佛相立即现前的。但我所遇到的,大都还是模糊的粗相,容易修得。如欲观到佛相庄严,微细明显,如意自在,那就非专修不可了。而且,佛相非但色相,还有大慈大悲,十力,四无所畏,十八不共,五分法身,无量无边的胜功德相,在这佛功德上系念观想,大乘为观相所摄,小乘则名为观法身。

依分别起念:依分别起念,而能了知此佛唯心所现,名唯心念佛。前二种依于名相起念,等到佛相现前,当下了解一切佛相,唯心变现,我不到佛那里去,佛也不到我这里来,自心念佛,自心即是佛。如《大集贤护经》(二)说:"今此三界,唯是心有。何以故?随彼心念,还自见心。今我从心见佛,我心作佛,我心是佛。"《华严经》(四六)也说:"一切诸佛,随意即见。彼诸如来不来至此,我不往彼。知一切佛无所从来,我无所至,知一切佛及与我心,皆悉如梦。"佛的相好庄严,功德法身,分分明明,历历可见,是唯(观)心所现的。了解此唯心所现,如梦如幻,即是依(虚妄)分别而起念。佛法以念佛法门,引人由浅入深,依名而观想佛相,佛相现前,进而能了达皆是虚妄分别心之所现。

若更进一层,即到达念佛法身,悟入法性境界。唯识家说法有五种,名、相、分别而外,有正智、如如。无漏的智如,平等不二,是为佛的法身。依唯心观进而体见一切平等不二法性,即是见佛。《维摩诘经》亦说:"观身实相,观佛亦然",以明得见阿閦。《阿閦佛国经》也如此说。《般舟三昧经》于见佛后,也有此说。佛是平等空性，观佛即契如性；智如相应，名为念佛。《金刚经》说："离一切相，即见如来"，平常称此为实相念佛。念佛而达此阶段，实已断除烦恼，证悟无生法忍了。

由称名而依相，乃至于达一切法空性，一步一步由浅而深，由妄而真，统摄得定慧而并无矛盾。这样的念佛，就近乎自力，与修定慧差不多，故念佛法门也是定慧交修的。但依《般舟三昧经》说：如见佛现前，了得唯心所现，发愿即得往生极乐世界。可见念佛方便，要求往生净土，要有佛的悲愿力。在四类念佛中，以称名念佛最为简易。一般弘通的净土法门，即着重于此——称念南无阿弥陀佛，和信求阿弥陀佛的慈悲愿力的摄受。

称名念佛，并非仅限于口头的称念。如《阿弥陀经》的"执持名号"，玄奘别译即作"思惟"。由此可见，称名不但是口念，必须内心思惟系念。因称念阿弥陀佛的名号，由名号体会到佛的功德、实相，系念思惟，才是念佛。所以称名是重要的，而应不止于口头的唱诵。

上面说的是通泛的说一切念佛，现在别依称名念佛，再加说明。称名念佛的方法，有人总集为"念佛四十法"，即专说念佛的方便。然念佛中最重要的，是三到。净宗大德印光大师也时常说到。三到是：口念、耳听、心想，三者同时相应。念得清晰明了，毫不含糊，毫不恍惚。称名时，不但泛泛口唱，而且要用自己的耳朵听，听得清清楚楚；心里也要跟着音声起念，明明白白地念。总之，口、耳、心三者必须相应系念，了了分明，如此即易得一心不乱。许多人念佛，不管上殿、做事，甚至与人谈话，嘴巴里似乎还在念佛。心无二用，不免心里恍惚，耳不自听，不能专一。

或讲究时间念得长,佛号念得多,但这不一定有多大用处。例如写字,要想写得好,写得有功夫,一定要郑重其事地写,一笔又一笔,笔笔不苟,笔笔功到。虽然写字不多,如能日日常写,总可以写出好字。有人见笔就写,东拓西涂,久而久之,看来非常圆熟,其实毫无功力。也有年青时即写得好字,而到老来却写坏,因为他不再精到,随便挥毫,慢慢变成油滑,再也改不过来。念佛也这样,时间不妨短,佛号不妨少,却必须口耳心三到,专一系念不乱。如果口里尽念,心里散乱,东想西想,连自己也不知在念什么,那即使一天念上几万声也没有用。所以若要不离念佛,不离日常生活,一定要在成就以后。初学人,叫他走路也好念佛,做事正好念佛,那是接引方便。念佛而要得往生,非专一修习不可。如一面妄想纷飞,一面念佛,一成习惯,通泛不切,悠悠忽忽,再也不易达到一心不乱。要念佛,还是老实些好!

说到称名念佛的音声,可有三种:(一)大声,(二)细声,(三)默念。在念佛的过程中,三种都可用到。如专轻声念,时间长了容易昏沉,于是把声音提高,念响一点,昏沉即除。如专于大声念,又容易动气发火,令心散乱。再换低声念,即能平息下去。音声的轻重,要依实际情况的需要,而作交换调剂,念低念高都没有问题。但专以口念,无论高念或低念,都不能得定。依佛法说,定中唯有意识,眼等前五识皆不起作用,口念闻声,当然说不到定境。念佛的目的,是要达一心不乱,所以又要默念。默念,也称金刚持,即将佛的名号放在心里念,口不出声,虽不作声,自己也听起来却似很响,而且字字清晰,句句了然。这样念,逐渐地心趋一境,外缘顿息,才能得定。

再谈谈念佛的快慢。我们念佛，起初都很慢，到转板的时候便快起来。这很有意思，因为慢念，声音必定要拉长，如：南—无—阿—弥—陀—佛，每字的距离长，妄想杂念容易插足其间，所以要转快板，急念起来，杂念即不得进。禅堂的跑香也这样，催得很快很急，迫得心只在一点上转，来不及打妄想。不过专是急念也不好，会伤气，气若不顺，分别妄想也就跟着来。如转而为慢念，心力一宽，妄想分别也淡淡地散去。这完全是一种技巧，或缓或急，不时交换调剂，令心渐渐离却两边，归一中道。如骑马，偏左拉右，偏右拉左，不左不右时，则让它顺着路一直走。念佛不是口头念念就算，不在乎声音好听，也不在乎多念久念，总要使心趋向平静，趋向专一，获得一心不乱。

## 六　一心不乱

念佛求生极乐世界，能不能生的重要关键，在一心不乱，这在大小《阿弥陀经》中皆说到。莲池大师有事一心与理一心的分别。事一心实可析为净念相续、定心现前二类。众生的内心，最复杂，特别是无始来的烦恼习气，潜伏而不时现起，极难得到内心的一致——不乱。佛法的无边功德，要由定力开发出来。这不净的散乱的心念，就是虚妄分别心，分别即是妄想。这可以包括一切的有漏心，念佛念法，众生位上的一切，都不外乎虚妄分别心。约证悟说，这都是妄想。然约一心不乱说，妄想也大有妙用。在虚妄分别心心所法中，有善心所现前，如对佛法僧的善念；有恶心所的生起，如贪嗔等的烦恼。初学佛的人，要想一下子不分别,不妄想,谈何容易！所以要先用善念对治恶念,以净念而去除染念。念佛就是这种方法之一,一念阿弥陀佛,可以除去各式各样的不净妄念。但在善念净念中,还可以是乱心的。如一刻是佛,一刻又是法,这虽然内心善净,却还是散乱。所以必须要净念,而且要相续,念念等流下去。此时不但恶念不起,即除了阿弥陀佛以外,其他的善念也不生起,念念是佛,等流下去,这叫净念相续,也就是一心不乱的初相。这在修行上,并不太难,这并非得定,而是止成就的前相。然而一般念佛的,散乱小息时,每转现昏昧。其实念念中不离杂念(当然不是大冲动),而自己不知,以为得了一心,最易误事。心在一念上转,不向外境奔驰,一有驰散,马上就以佛念摄回。一念一念,唯此佛念,离掉举,离昏沉,没有杂念渗入,没有间断,明明现前,即是一心不乱。念佛决不在时间的长短、数量的多寡上计较,主要在达到一心不乱。依经说:念佛有时一日或者七日,一念乃至十念。所以,不论时间长短,如真能万缘放下,唯一弥陀净念,即使是短时相续,也就是一心不乱。这样的净念相续,即取得了往生净土的保证。在这样的净念相续时,每有清净法乐,或闻有香气,或乍现光明等。

定心现前,是更深一层的。定有一定的条件,不是盘腿趺坐就算定。先要系念于止,止成就后,才有定心现前。最低微的未到定,也有浑忘自己的身心境界,只是一片清净光明。念佛得定,名念佛三昧,此时眼等五识不起,唯定中意识现前。称名、观相,也可现见阿弥陀佛。甚至未得净念相续的,在睡梦中也可见阿弥陀佛,这是梦境,不一定可以往生。正定现见阿弥陀佛,可成为往生净土的保证。没有信愿的念佛，也可以得到观佛成就，但不一定往生。（由佛转教，发愿即可生）虽然说佛是大悲普被，无时不在救度，问题却在众生的能不能接受佛恩。众生能使心渐渐归一，心地清净，惑业等重大障碍物去除了，众生的愿，即与佛的愿可以相感相通，现见弥陀，往生净土，这才显出了慈悲愿力的作用。有一类众生平时不知佛法，为非作歹，到了临命终时，遇到善知识的启发，深悔过去的罪恶，能在短时中，一心一意至诚恳切地念几句阿弥陀佛，就可往生净土。这因为一方面受到死的威胁，一方面受到堕落的怖畏，所以信愿的热忱特别深切，能在短时间内，一心不乱，而得往生。

为调和禅净的争执，莲池大师倡理一心说以会通他。中国唐代的净土法门，专重他力，而禅宗是主心外无物，顿息一切分别，所以批评净土法门的有取（净土）有舍（娑婆），有分别念（佛）。其实禅净各有重心，由于执一概全，才有诤执。若着眼于全体佛教，即用不着冲突。莲池大师所以特提理一心说，作禅净的调和。理一心，即体悟法性平等，无二无别，离一切相，即见如来。这样，禅净便有贯通处。但这是随顺深义而说，若据净土法门的易行道、他增上的特性来说，念佛往生所被的机缘，本是摄护初心。禅净各有特色，不一定在"一心"上圆融会通。净土法门蒙佛摄受，齐事一心的念佛即得。到理一心，这必先要定心成就，然后进一步于定中起观：佛既不来，我也不去，我身佛身，同是如幻如梦，无非是虚妄分别心所显现。于是超脱名相，远离一切遍计执，而现证法性。如到此地步，有愿的往生极乐，论品位应在上品上生之上。如于极乐世界无往生的特别愿欲，那是不一定生极乐的。要生，那是"十方净土，随愿往生"。

## 七 往生与了生死

往生是约此界的临终，往生极乐世界说。本来死后受生，或由此到彼，往生的力量不一，最一般的是业力。有天的业生天界，有人的业生人间……六道众生，皆以业力而受生。在这以上的，还有愿力、通力，如没有人间业的天，可以到人间，他来是凭借神通的力量。下生以后，现有人间的身体，借取欲界的鼻舌识而起用；不过天人的身体光明，物质组合得极为微妙。同样的，我们修得了神通力，也可生到上界。现在的生净土，不是通力，而是愿力。以一心不乱为主因，使心净定，再由众生的愿与阿弥陀佛的愿相摄相引，便得往生净土。论依因感果，净土还不是众生的，然同样的可以享受。如王宫是王家所有，但宫廷里的侍役、下女，一样的可以享受那奇花异草的花圃，画栋雕梁的庄严房屋，山珍海味的饮食，丝弦笙笛的音乐，与王室差不多，但这并不是自力。往生净土也是这样，凭着阿弥陀佛的愿力，一样的享受净土的法乐。

今日有些弘扬净土者，说到了生死，以为就是念佛，以念佛为了生死的代名词，这是堵塞了佛法无边法门。其实了生死，岂止念佛一门？而且，了生死与往生，应该是二回事，这中间还有一段的距离。把往生看作了生死，在思想上有点混乱。生死，是生而死死而生的生死相续；了生死，不是明了生死，而是说彻底解决了生死，不再在生死中往来轮回。生死是苦果，从烦恼、业而来,有烦恼即作业,作业即感苦果,惑、业、苦三,流转如环。烦恼的根本是我见,或说无明,不达我法性空,执我执法的烦恼是生死的根本,有烦恼可以引起种种善恶业,有业必有果。生死是这么一回事,要了生死,必破除生死的根本,通达无我性,彻见真实理;我法执不起,烦恼根本便断。烦恼一断,剩有业力,没有烦恼的润泽,慢慢地即失去时效而不起作用,不感生死。了生死,无论在大小乘都是一样,只有浅深的差别,大原则是不会例外的。依此来说,往生净土还没有见真理、断烦恼。烦恼既未断,何得了生死呢? 所以往生并不就是了生死,如说他了生死,那是说将来一定可以了,不是现在已经了了。生到净土,与诸上善人俱会一处,善缘具足,精进修学,辗转增上,得不退转,决定可达了生死的目的,只是时间的迟早而已。所以说往生净土能了生死,那是因中说果。如人从十三层高楼跳下,在未落地前,说他跌死,那是说他落地后必定死。在空中时,事实上还没有死,虽还未死,不妨作如此说,因为他死定了。《法华经》的“一称南无佛,皆共成佛道”,与《宝云经》所说“一念释迦牟尼佛,皆得不退转于阿耨多罗三藐三菩提”,这都是因中说果。有此念佛因缘,久久修学,必能了脱。不但这是依一般的往生说,还没有了生死;就是上品上生,也要往生以后,花开见佛,悟无生忍,这才破无明,断除生死根本。故往生与了生死,是截然二事,不能看作同一。这样把往生与了生死的内容分析清楚,即与一切教理相应。若是过分高推——往生即了生死,则与无量教理而相违碍。以往生为了生死,对于教理无认识的,尚无所谓;若对佛法有素养的人,听之反起疑惑,反于净土而生障碍。

## 八　结说要义

总前面所讲的,关于净土法门有几点要义,需要特别注意。
一、是本愿力:众生的能生净土,主要是依仗他力的慈悲本愿。
若但依自力,是不够的。念佛的净土宗人,都推庐山慧远大师为
初祖,其实远公的念佛,并不重在口念。由北魏的昙鸾、道绰,到
唐朝的善导大师,才发展为特重称名的念佛法门。善导大师有
《观经四帖疏》,重慈悲愿力,重散心,以为持戒、犯戒,皆可往
生。"普度众机,不择善恶",这话并不错,经上也有十恶、五逆
可以成佛之说。这一派传到日本,发展为真宗,既然善人恶人皆
可往生,念佛不分在家出家,所以索性娶妻食肉,主张弃戒定慧
等圣道,而专取本愿。由于专重他力的阿弥陀佛愿力,所以进一
步以为,只要信,当下即为阿弥陀佛所摄受。索性平时不要念
佛,不需念到一心不乱,以为一信即得往生。这在中国的净土行
者,觉得希奇,其实还是遵循中国传去的老路子,只是越走越远,
越远越小,钻入牛角的顶尖而已。依佛法本意说,生极乐世界,
特重他力。若说连戒等功德都不要了,那净土又何以有三辈九
品之分呢?九品的划分,就依圣道为标准。五逆、十恶者,生净
土也只是下品下生。平素孝敬师长、勤行施戒、修学定慧、悟解
空义的,才能生中品以及上品上生。我在《净土新论》中说:如
荒年粮食奇缺,吃糠可以活命,但到了丰年,应该以米麦活命,若
是硬要说吃糠为最好,其余的都不要,这岂不成了狂人!但念一
句阿弥陀佛而往生,是为十恶、五逆而临近命终人说的,犹如遇

到荒年教人吃糠,是不得已的办法。你既不是十恶、五逆的地狱种子,又不是死相现前,平时来学佛念佛,怎么不随分随力地修集功德? 怎么不在弥陀誓愿的摄受中,勤行圣道? 至于说只要信,不念佛而可往生,更是莫名其妙。如掉在海中,只想别人救他,而不伸手拉住救生圈和绳索,试问如何可以登岸? 不念佛何以得一心不乱? 何以能与佛愿相通? 撤除众生自心障碍,与佛愿相应,佛说就是念佛到一心不乱。信弥陀愿力,而不信接受弥陀愿力的方法,真是可笑。放弃自力,不是别的,这只是发展于神教气氛中的神化!

第二、我讲的净土法门,多是依据印度的经论,并不以中国祖师的遗训为圣教量。照着经论的意趣说,不敢抹煞,也不敢强调。所以与一分净土行者,小有差别。如易行道,不是横出三界,容易成佛,而是容易学容易行,办法比较稳当。其实易行道反而难成佛,如弥勒佛;难行道反而易成佛,如释迦佛。所以《无量寿经》说:能于秽土修行一天,胜过净土久久。又如净土的特色在依他力而得往生;然往生并不就是了生死,这在专以念佛为了生死的人看来,不免心生不忍。其实,这并没有贬低净土法门的价值。

第三、虽有三根普被之说,而净土念佛法门,主要在为了初心学人。有类众生,觉得佛法太深广,太难行,以一生的时间修学,教理上还是漫无头绪,悟证既难,而菩萨的难行,更加不能做到。忽忽一生,死到头来,也不知来生究竟如何! 对这类心性怯劣的众生,所以有易行道、胜方便的净土法门。如《大乘起信论》说:"众生初学是法……其心怯弱……娑婆世界……信心难

可成就……如来有胜方便，摄护信心。"这些心志怯劣的众生，
不敢担荷如来家业，虽学佛多年，还在愁眉苦脸中过活。有以为
佛教没有神教好，因信得救，何等简捷了当！听到三世轮回，便
自前途茫茫，觉得一切不能把握，信心发生动摇，容易退堕外道。
为摄护这类初心的众生，所以说胜方便的净土法门。这是念佛
法门的所被的主要根机；一到净土，即使下品下生也可慢慢向上
修学，得到成佛的结果。这是净土法门的妙用，妙在往生必能
"不退转于阿耨多罗三藐三菩提"。可说是佛法中的保险法门，
保险不会走错路子。也可说是留学法门，娑婆世界难行苦行，成
佛度生，有点不敢自信，生怕途中退失，前功尽弃，生净土就好
了。这如本国教育水准低落，设备、仪器、图书都不充足，不及外
国学校的好，所以有留学之必要。到外国学，各样条件具足，学
业容易成就；学成以后，回来贡献祖国。这如净土的修学一样，
修学到悟无生忍以后，然后倒驾慈航，回入娑婆世界，救度众生。
小乘专重己利，所以有很多的阿罗汉出现。禅宗专提向上一着，
所以也有很多的祖师出现。可是大乘法门，太深太广，不容易为
一般所完满信行。印度的大乘既兴，净土法门的简易，就由此而
大大地弘扬起来。净土法门的好处，就在简易平常。如说得太
高了，怕不是立教的本意吧！

（常觉记）

# 三　求生天国与往生净土

## ——在菲律宾佛教居士林讲

生死大事是件不易解决的问题,如果我们只在生死死生之间,力求向上,谋取后世比前生舒服,还不是彻底的解决。要解决生死,有种种方法,往生净土就是一种,所以现在举出求生天国与往生净土来讲。天国,在中国叫天堂,佛教名天界。天是光明的意思,天界就是光明的世界。但依佛法说,天界虽然光明快乐,但不是彻底的光明快乐。中国、印度、西洋人,都有一种类似的观念,就是感觉到人间太苦恼,有种种苦痛、罪恶、困难,想生天上,因为天上没有人世间种种的忧愁苦恼。佛法有这种生天法门,其他宗教同样也有。

生天,确乎也不错,现在举出几件与人间对比,以见出天界好的地方。

一、人间最苦痛的是衣食住行,不但穷人不容易解决,富人还是提心吊胆。天上呢?有顶好的东西吃,顶美丽的衣服穿,顶堂皇的宫殿住,来往自由。我们这个世界,自然界种种不圆满,有水灾、地震、山崩、海啸、台风、久旱等,天国就没有这些灾祸,天上是一个顶富乐平安的地方。

二、我们这个世界，人与人之间苦痛的事情多得很，就是父子夫妻朋友也免不了。常常可以看到欺负、压迫、剥削的事情发生，小的争吵打架，大的酿成战争，在天上就没有这种种人事的苦痛。依佛法说，在最下的两层天，虽也有战争，但没有人间那么厉害。

三、人的身体会有病痛，寿命不长，天上没有什么病，虽然没有长生不老，但是寿命却比人间长得多。

有了以上种种好处，怪不得耶稣教徒以及很多的人，都想生天。好实在好，可是要生天，并不是一件很容易的事，并非想去就立刻可以去的。古人说："生天要有生天业，未必求仙便得仙"，要有生天的功德才行。以佛法说，起码要两个条件，就是布施与持戒。布施功德大，才会得享受天的福报。持戒精严，道德超过常人，就会生到比人更好的地方。有福报，有过人的德行，生天是毫无疑问的。但要生到高一点的天，要有慈悲心。耶稣教说博爱，佛说慈悲喜舍，使别人离苦得乐，就是这个道理。不过真要生得高的，还要修禅定，这比较不容易。普通耶稣教的祷告，专精的也有相似的定心。如能做到一心不乱，就可以到达这个境界，施、戒、慈、定，名为生天法门。

诸位觉得，佛法说升天，那么困难，耶稣教却相反，只要信主，就能得救，上生天国了。其实，真正的基督教，要生天也并没有那么简单。要真正信仰、悔改、祷告，得到重生，心里起了一种离染得净的变化，有了这种经验，自会奉行博爱的精神，而合乎施、戒的行为，这才能生天。什么都不要，信就得救，只是廉价倾销的宣传而已。

佛法虽说天界好，但不劝人生天，因为天不彻底。耶稣教说，生天得永生，永远是快乐和平长寿。佛法说，天国虽然长寿，一万十万百万千万以至万万年，总有一天，福报完了，定力尽了，还是要堕落，不过只是享长期的福罢了，并没有解决生死的问题。佛法是要求能够真正解决这个问题的办法。

净土，是清净的世界，佛法中清净的世界很多，东方药师佛有净琉璃世界，西方阿弥陀佛有极乐世界，十方诸佛亦各有清净的世界，因为平常都讲阿弥陀佛，大家都懂，所以就专门讲往生西方极乐世界。净土与天国，都没有山崩地震种种天灾，物质丰富之极，黄金为地，富丽堂皇。人事方面，非常和好，如兄如弟，如姊如妹，寿命都长得很。净土，不只环境相差不远，连求生的方法，也与求生天国相近。在一般的布施、持戒之上，不外信仰、发愿、忏悔、感恩、称名——称"奉耶稣的名字"或"南无阿弥陀佛"的名号，一心不乱，才能够达到目的。耶稣教说靠耶稣的力量来拯救，而佛教是靠阿弥陀佛的慈悲愿力来接引。那么，为什么佛法提倡往生净土而不赞成求生天国呢？这实在有根本不同的地方，佛法是：

一、平等而非阶级——西方极乐世界，现有观音、大势至两大菩萨，他们比我们是先知先觉，将来继承阿弥陀佛的佛位。我们生极乐世界后，得到佛与他们的开导，将来可以与他们一样。佛说一切众生皆有佛性，只要到了西方，慢慢修学，都可以成佛。经上说，极乐世界，佛光明无量，寿命无量；往生的也光明无量，寿命无量，与佛平等。不像耶稣教天国的阶级性，上帝是至高至上独一无二，升入天堂的绝不可能成为上帝，不能成为耶稣。阶级是世界忧愁苦恼的根源，天国也不能例外，佛法是以平等为基础，才能彻底。

二、进修而非完成——耶稣教说：生天国就得到永生，是完成了。其实并不究竟，智慧、功德，一切都没有达到圆满（至少是不能像耶稣那样）。这样的永生，可说是永久可惜，永远缺陷的事。生净土就不同了，念佛求生净土，并不是因为净土衣食丰足，无忧无虑，要去享福的，而是要跟阿弥陀佛、观音菩萨、大势至菩萨好好地学习。所以生净土时，虽不曾圆满，而能进向于圆满。或者有人要问：要学习佛法，在这个世界学就好了，何必到西方去呢？这虽然说得对，但这个世界寿命短，环境劣，业障重，天灾人祸多，西方却不然，安乐长寿可以慢慢进修。大家都晓得，极乐世界有上品上生、中品中生、下品下生等九类的分别，有的到那边要修了好久，才得见到阿弥陀佛，有的却一到就见佛悟无生了。这不是说那边有阶级的分别，而只是程度的不同，下品经过多少时间的修持，还是会成为上品的，都是会进向于佛果的。所以生净土不是天国式的以为就此完成，而是到那边去，正好进修。

三、上升而非退堕——经上说：生极乐世界皆不退转，不像我们这个世界因为病痛烦恼恶因缘的阻挠，修了些时间，就退落下来。好比一个学校办得不好，学生不喜欢读书，影响学业不及格，而至于退学。生净土的，如进好的学校，有好的教师，管教严格，学风优良，引起学生读书的兴趣，就是懒惰的学生，一进去也被学校的风气所影响而注意他们的学业，向上求进步一样。学佛的每有一种观念，都怕今生人间修学，假使修而不了生死，后世也许会堕落,将怎么办呢? 往生净土法门,就是为要适应这一般人的需求。只念阿弥陀佛,仗佛的慈悲愿力,就能到净土去再进修。时间虽有长短,生死决定可了,不会退转。天国呢,他们自以为永生,其实生天福报享尽,定力消尽,就要堕落,这是两个世界的最大差别。

假使有异教徒对你说:主能救你,天国有什么好处,西方同天堂差不多呀。你可简单地回答他:好是好,但是差一点。你有阶级,我们是平等。你们慈悲智慧功德将永不圆满,永久不彻底,我们一天一天地学,总可以成佛。你说永生是靠不住,不过是寿命长一点,福报享尽,还是要堕落的,我们是永不退转。这些都是学佛的人应该知道的,信念才会坚定。否则,思想上似是而非的神佛不分,极容易被神教所同化。

（明道记）

# 四 东方净土发微

## 一 引　言

### 一　讲说的动机

　　佛教界所熟知的净土，主要是西方阿弥陀佛的极乐世界——西方净土。在佛经中，十方都有净土；而与西方弥陀净土相对的，有药师琉璃光如来的净琉璃世界——东方净土。关于东方净土，过去曾说过二次。一九五四年秋，在台北善导寺讲《药师经》，启建药师法会，记录下来的，有《药师经讲记》。一九五八年夏天，在马尼拉信愿寺为性愿老法师祝寿，又讲经一次。有《药师经开题》，发表于《海刊》。去年，在台北慧日讲堂，启建药师法会，对东方净土又多一层体会。所以，过去虽一再讲说，觉得还有再说的必要。

　　东方净土，不如西方净土的专重于死后往生。不但说到死后往生净土，说到蒙佛力加被，死后消除恶业，生人天而修学大乘；更特别重视了现生的利益安乐。这对于大乘菩萨利益现实人间的精神,有着很好的启发,故值得一说再说。

　　还有,解说这个问题的另一动机,是在最近天主教主办的《恒毅》杂志中,有题为"从涅槃方面观察佛教原义发明初稿"等文,作者杜而未,听说是人类学(可能神类学)教授。他以为:涅槃是月亮神话的演化;以为印度婆罗门教的涅槃原义,是依承月亮神话的;以为佛教的涅槃原义,应该也是这样;而且说:"释迦真正明白涅槃与否,还成问题。"他以这种态度来想像佛教,评论佛教,与人类学有什么关系?这只是服役于神(神之奴仆)的、神化了的人类学者的杰作!所以举东方净土的意义,以说明佛教涅槃的真实意义,而不是月亮神话的演化。

## 二　泛说宗教的意义

　　对于宗教,一般人每每是误解、浅解,故不得不略为解说。宗教(不仅是佛教),各区域、各时代、各民族,有各式各样的宗教;尽管不完全相同,但都有宗教。那么悠久,那么广泛,那么深入人心的宗教,说它是错误,也一定有它的迷谬根源,不容许我们忽视!何况这还是表达出人生的崇高意义,究极归趣呢!过去,曾写过《我之宗教观》,发表在《潮音》月刊。现在,从三点来说:

　　一、宗教的(信仰)对象,与人类触对的境界有关,即人类依于触对的境界,想像为信仰的对象。我们生活于世间——器世间,地球上,每天都面对蔚蓝色的天空、光辉出没的太阳与月亮、风雨雷电、山河木石等自然现象;及家庭、部落、国家——社会的组织形态;还有自己身心的活动。日常触对这些,在有意无意中,启发人类的宗教观念。这是说:我们触对的境界中,无论是自然的、社会的、自我的,都觉到有一番力量,限制(控制)一切,不得不如此,而表现出宇宙——自然,社会,自身所有的轨律。如太阳和月亮,天天从东方升起,向西方落下;四季节令,夏去秋来,都有一定的轨律。人类(社会或自身)的一切,也受有轨范的限定,似乎都不是个人(或大众)的意志、能力所能决定的、改变的(其实,从前认为不可能的,不可知的,现在很多成为可知可能了),这才从自我意识的想像中,觉得有一(或多)大力者在主宰一切。所说"自我意识的想像",意思是说:照着自我意志的主宰性(自由、支配),想像那触对境界,有超越的高高在上,或内在的深深在内,自由自在的(无限或是有限的)支配(或管理)一切者,这是自古以来的拟人的宗教观。

这拟人的宗教对象,究竟是什么,虽是各说各的,而几乎谁都感到有或一或多的大力存在,主宰一切,轨范一切,使一切都非如此不可。这从外界启发而来的宗教意识,为宗教的一大根源。由于环境不同,注意的对象不同,而宗教的信仰对象也就不同。如近水的拜水神,住山的拜山神,农村拜土地(社与稷)。印度是热带,毒蛇特别多,所以崇拜蛇神。有的崇拜太阳、月亮、星宿等天体现象;有的比拟社会,而有城隍、祖先的崇敬;还有崇敬山精、木怪、狐狸等。但在人类知识进步的过程中,动物等崇拜逐渐衰落,因为这都是局部的,过于具体的。而人类之祖,或世界之主(这是影射专制王国的,现在也逐渐衰退嬗变了),以及天空现象,便铸成更普遍的大神,而成为更持久的信仰。有以为这都是迷信,太阳、木、石,有什么可崇拜呢? 不知道,这不只

是崇拜那事物自身，而是崇拜那一切所以如此，而形成如此的
轨律。

　　二、宗教不仅受有环境的启发，更主要的是内在的宗教意
欲。人的自身，受自然的、社会的给与，也就受这些的束缚。有
生就有老死，有健康就有疾病，有友爱就有怨敌，有团结就有分
散，有喜乐就有忧苦——非依赖这些不可，而这些就成为自己的
束缚，不得自在。如有利于人的，引起对外的依赖感，感恩与赞
叹，想像而成为善神。反之，如拘束与障碍于人的，即引起畏惧、
厌恶，引生对外的超越感，想像对方为恶者。人在层层的束缚
中，依赖现实，又不满现实（超现实的自由意志），引发为依赖与
超越的宗教情绪。无知蒙昧的想法（偏于依赖的他力），想在信
赖天神中，得到离苦得乐，永恒的快乐。不过，在人类知识的进
步中，揭开了神力的虚伪面目；知道从自然、社会、自身去求超
脱，去寻求解决，而不再是依赖外在的神力。探求一切拘碍、不
得自在的根源，发见了根源于自身的愚昧（无明）所引起的思想
迷谬、行为错误。因之，宗教的真正意义，是身心清净，智能德性
开展，而一切契合于正理。惟有内心的智慧开发，德性高明，能
力广大，顺从（依赖）宇宙人生的轨律——真理，才能不受环境
的限制和束缚，而超越于现实。这里面包含了两方面：一是自身
的彻底完善，一是实现理想世界（净土）。这是自我意欲的净化
与完成！在神教中，表现为神与天国。不知神是自我意欲的客
观化，想像为宇宙的主宰（我的定义，就是主宰）。不知理想国
土要从自身净化中去实现，并非天神所准备的，也非天神所赐与
的。人类的知识不断开发，就逐渐从蒙昧的依赖的宗教，而归于

自身净化与超脱的宗教。超脱现实的层层束缚,而达到真平等与自由;约内心说,是智慧、慈悲、能力的圆成,这一理想,在人类内心不断地鼓动,而成为高尚的宗教倾向。在较高的宗教中,都如此地显示出来,而惟有佛教,才彻底而清晰地表达,不再存有蒙昧的神教气息。不过,说到内心的净化,在一般宗教中,有的重智慧,有的重仁爱;有的重信愿,有的重智证;有的重于内心的净化,有的重视身体的永存:因而成为各有所重的宗教,片面的不完善的宗教。惟有身心德性的圆满开发,不落于偏颇的,才是最圆满的宗教。

三、环境的启发,内心的向上意欲,还不一定成为宗教;宗教是有赖于特殊的经验。可以说,一切宗教,都有一种特殊经验为支柱的。如说鬼,有些人虽没有见过,但说起来如此的亲切,实由于过去或别人曾有见鬼的经验。这可能是误会的,也可能是真实的,但凭自己的经验而宣说起来,充满了坚定的信心,也增强了别人的坚信。又如神教徒在祷告或平时,见到耶稣、马利亚等。信佛的,念佛的,见到佛与菩萨;参禅的得到悟入的经验。这些是否正确,并不一定,也许是见绳疑蛇。但经验过了的,无论是与不是,在同样的经验者来说,那是最真实的。这些宗教经验,是邪正浅深不等的。更纯正更圆满的正觉,才能指正浅薄与似是而非的谬误!

总之,宗教是由人类内心的向上意欲,在不同的环境约束下,经各种特殊经验而展开。

## 二　东方净土为天界的净化

### 一　佛菩萨依德立名

在这一论题中,首先要说明:宗教一定有崇敬的对象,这不外乎法与人二者。拿高等宗教来说:法(或称为道)是永恒普遍的最高真理——绝对真理。人(具有人格的)呢? 有的是拟人的(有意志的)神,以神为绝对真理的,如以色列人信仰的耶和华、回教的安拉等。有的是绝对真理(其实是拟人的神)的现化人间(道成肉身),而表现为导人归向于神的身份,如耶稣。这些,都渊源于拟人的神教。佛教是以人(众生)身的向上熏修,而体现绝对真理的(肉身成道)。其中,佛是即人而到达绝对真理的圆满体现;菩萨(声闻圣者等)是部分地体现了真理。所以,佛菩萨的崇仰,好像类似于神或耶稣的崇仰,而实质上完全不同。佛菩萨的崇仰,是以此为理想,为师范,而使自己进向于真理,人人终能达到佛的境地,也就是绝对平等、绝对自由的圣域。

佛教所崇仰的佛菩萨,都是依德立名的。这或约崇高的圣德立名,以表示佛菩萨的性格。如弥勒菩萨是"慈";常精进菩萨是永恒的向上努力。或者是取象于自然界,人事界,甚至众生界的某类可尊的胜德,而立佛菩萨的名字。取象于自然界的,如须弥相佛,表示佛德的崇高;雷音王佛,表示佛法音声的感动人心。取象于人事界的,如药王佛,表征佛能救治众生的烦恼业苦——生死重病;导师菩萨,表示能引导众生,离险恶而到达目的。取象于众生界的,如香象菩萨、狮子吼菩萨等。其中,依天界而立名的,如雷音、电德、日光、月光等,更类似于神教,而实质不同。可以说,这是顺应神教的天界而立名,既能显示天神信仰的究极意义,也能净化神界的迷谬,而表彰佛菩萨的特德。

## 二　天与觉者

东方净土,是以天界为蓝图的。这是顺应众生的天界信仰,而表现佛菩萨的圣德。印度所说的天,原语为提婆,译义为光明。无论白天晚上,所见的太阳、月亮、星星等光明,都是从天空照耀下来的。仰首远望,天就是光明体。一般人就从天空的光明,而拟想为神。所以,印度的天,与神的意义相近。提婆(天)是光明喜乐,相对的地下——地狱,就是黑暗苦痛。在佛教中,崇敬的圣者,不是神教徒所想像的神,而是佛、菩萨、声闻等。圣者有无量的清净功德,而特性是觉、慧。断烦恼、证真理,是由般若(慧)的现证,而般若也称为明。与般若相对的,就是无明(黑暗)。如佛陀,意义是觉者。菩萨,是有菩提(觉)分的众生。缘觉与声闻圣者,也是得三菩提(正觉)的。三乘圣者,都是觉者、明者。所觉证的,是法性(也叫真如、空性、法界)。法性是本性清净,由慧光而觉证;也由于清净法性,而显现般若的慧光。所以,真如法性也称为性天、第一义天。如《涅槃经》五行中的天行,就是圣者正觉的大行。圣者的觉,与天神的明,有着类似性(所以《华严经·世主妙严品》等,大菩萨每示现天神)。天的特性是光明,常人就从光明而想像天神。圣者,觉证法性清净(或称心清净性、心光明性)而显现慧光,佛就依世俗天界的现象,扫除神教的拟想,而表征慧证真理的圣者。

东方净土的佛,名琉璃光佛。琉璃——毗琉璃,译为远山宝,是青色宝。在小世界中间,有最高的须弥山,四面是四宝所成的。南面是毗琉璃宝所成,所以我们——南阎浮提的众生,仰望虚空,见有青色。青天,就是须弥山的琉璃宝光反射于虚空所致。东方净土,以此世俗共知蔚蓝色的天空表现佛的德性,而名为毗琉璃光。

每一佛出世,都有二大弟子助扬佛化。如释迦佛有舍利弗与目犍连;毗卢遮那佛有文殊与普贤二大士;阿弥陀佛有观世音与大势至菩萨。现在东方净土琉璃光佛也有二大菩萨——日光遍照、月光遍照,"是彼无量无数菩萨众之上首"。这显然是取譬于天空的太阳和月亮。天界的一切光明中,日月是最大的,一向为人类崇拜的对象。佛的左右胁侍,就依此立名,为一切菩萨的上首。在我国丛林中,中秋晚上,都传有礼拜月光遍照菩萨的习俗。日与月的光,对人类来说,特性是不同的。太阳的光明,是热烈的,给人以温暖,生命力的鼓舞;在佛法中,每用日光来表示智慧。月亮的光明,是温柔的,清凉的,使人在黑夜中消除恐怖。尤其是热带,炎热不堪,一到月亮东升,清风徐来,真是能除热恼而得舒畅的。在佛法中,月亮也每用来表示慈悲,安慰众生。这是以天界的日月光辉,表现二大菩萨的德性。

东方净土中,除二大菩萨外,还有八大菩萨,如说:"文殊师利菩萨,观世音菩萨,大势至菩萨,无尽意菩萨,宝檀华菩萨,药王菩萨,药上菩萨,弥勒菩萨:是八大菩萨,乘空而来,示其道

路。"据经上说:欲生西方净土而还不能决定的,八大菩萨能引
导他,使得往生净土。为什么东方净土只有八位菩萨,不是七
位,也不是九位呢? 这应该是取法于天界的。原来以太阳系为
中心的行星,有九(从前说八大行星,后又发现了冥王星,故共
为九大行星):水星、金星、地球、火星、木星、土星、天王星、海王
星、冥王星。我国所说的五星,也离不了这些。现在,对此世界
(地球)而说东方净土,所以除地球不论,还有八大行星于天界
运行。换言之,除日月外,还有八大明星与我们这个世界关系极
为密切。依此,所以除二大菩萨,还有八大菩萨护持东方净土。
"八大菩萨乘空而来",是怎样明白地说破这一点。

此外,还有十二药叉大将——宫毗罗、伐折罗、迷企罗、安底
罗、頞儞罗、珊底罗、因达罗、波夷罗、摩虎罗、真达罗、招杜罗、毗
羯罗。每一位药叉大将,又各有七千眷属,共为八万四千。八万
四千,表示一切的一切。如一切烦恼是八万四千,一切法门也称
八万四千法门。所以从天界来说,八万四千眷属,即一切的小星
星、小光明。小星的领导者——十二药叉呢? 中国与印度都有
十二辰说,配以子丑寅卯辰巳午未申酉戌亥。在西方,名十二
宫。在地球绕日旋转的运动中,转动的范围内,名黄道带;黄道
带内最引人注目的,便是十二辰,四方各有三个。不论是西方或
印度,都以畜生来称呼这十二。这一世俗的星辰说,在佛法中,
就如《大集经·虚空目分》所说:有十二位菩萨,在四方的山里
修慈,都现畜生相——南方是蛇、马、羊,西方是鸡、猴、犬,北方
是猪、鼠、牛,东方是龙、象、狮。这与中国传说的十二生肖,仅狮
与象的差异而已。十二药叉大将,便是取象于黄道带中的十二

星;而每一药叉大将,统领七千眷属,共八万四千,无疑为一切小
星了。这一切是光明,也就都是菩萨。

东方净土为天界的净化,这是非常明显的。据虚大师说,净
土都是天国的净化,而佛法以佛菩萨化导的净土,与神教的拟
想,非常不同。

## 三　圣性的本质及其显现

圣者的特性,是觉(明),所以约光明的天界,来比喻佛菩萨
与净土。但约天界来表示圣性,推究到圣性的本质,那决不是有
限量的日月星星可比拟,而仅可以无限量的、明净的虚空来比
说。在《药师经》中,称佛土为净琉璃世界,称佛为琉璃光佛;这
都是约我们现见的苍空来比说的。佛是称法性而现觉者,如如
如如智,平等不二(人法不二)。约所证法说(常寂光土),称为
净琉璃土。约能证者说(法身),称琉璃光佛。而其实,如智平
等的绝待圣性,是超越能所、彼此、数量等概念的。我们坚定地
确信,佛所开示的究竟归宿,说为涅槃、法身。无论涅槃或法身,
在相对的名言中,是什么都难以说明的。不得已,只可以虚空界
来比说;也就是唯有虚空性,才能多少使我们领会一些。如佛在
《阿含经》中,说涅槃为"甚深广大,无量无数,寂灭涅槃";"甚深
广大,无量无数,永灭"。这是释迦佛开示涅槃的主要句义。如
从现实生死的存在(有)与生起(生)来说,那么涅槃是"生者不
然,不生亦不然";"如来若有,若无,若亦有亦无,若非有非无后
生死,不可记说"。因为,这是契入绝对圣性而超越相对界的。
声闻的涅槃是这样,大乘的法身、涅槃也是这样,所以《华严经》

中说到佛法身，"唯有虚空为譬喻"。

虚空是什么？姑且不论。一般的看法，虚空是"遍"，不可说在这里那里的，是无所在的；要说在，那就是无所不在。是"自在"，因为是无著无碍的。没有时间性的变化，所以是"常恒"的。没有质量等差别，所以是"无二"的。尤其是，虚空虽有时为云雾等蒙蔽而现昏相，一旦云消雾散，就显出"明净"。其实，在云雾障蔽时，虚空也还是明净的（这就譬说离垢清净与本性清净）。所以，佛典中以此表示法空性（一切法的究竟真性），也以此表示圆满体证（或分证）这最清净法界者——法身。约绝待空性的本来如此、永久如此、普遍如此说，叫做"法性、法住、法界"。约体证这法性而成为绝对真理的体现者说，称为法身。约证入而众苦（不自在）毕竟解脱说，称为涅槃。这是自证方知的；佛也只能随顺众生的心境，方便善巧地指示，引导我们从离执证真中去体现。由于这是超越相对性的（非心量境、非言说所及），所以难以宣说，约虚空界来喻说，也只能多少领会而已。

虚空，不问是实有的，假有的；客观的实在，还是内心的格式，总之，在一般人及神教徒看来，无量无数、广大甚深、高高在上的苍空，为一切光明，或者说一切神圣的依处，一切依此而活动显现出来。在没有显现时，似乎存在于空界的深处，不能说是没有。佛法中，假借这空界以显示绝对法性，以及圣者证入的涅槃，小乘与大乘多少有点差别。从无数无量、广大甚深、寂灭来说，大乘与小乘完全是一样的。小乘从现象界矛盾苦迫的止息消散，表示圣者证入的涅槃，着重于消极的说明。但要说他生死取消了，什么都没有，那是任何学派所不承认的。只是寂然而止，不再重演生死的流转而已。这样的涅槃，意味着相对的融入于绝对，不再落入时空而矛盾变化。所以，涅槃是常住的、清净的、安乐的，可说是离言的妙有。如以虚空界来比说，好像风息云散，显出了空界的本来明净一样。这仅可以虚空界来拟说，而不能以日，特别是月亮来比说。因为，月是黑白白黑的反复不已，而涅槃是永恒的苏息。

这样的涅槃，仅是契当于小乘阿罗汉的证境，正确而没有圆满。这样的涅槃观，容易引起误解，以为现象的生死界，真实的涅槃界，为截然不同的对立物。这在大乘经论，才充分表达涅槃的圆义。从生死法说，生死的本性，就是涅槃性，所以说："一切法中有安乐性。"这就到达了即事而真、真不碍俗的法界观，也就是不住生死、不住涅槃的无住涅槃。从法性说（体现法界性的为法身，得无碍自在为涅槃），法性空中，本有无量的清净功德，只为了迷而不能显现。以修而显发这无边功德；圣德以觉（明）为本，也就是显发无边智光，而有难可思议的妙用。如以虚空界来比说，虚空界本来明净，为一切光明本体；从此显现出日月等无边的光明。

依现代的知识来说，星有恒星、行星、卫星，如八大行星与月亮的光明，都从日而来。但古人是把日月星星的光明，想像为从虚空界而显现，所以空界是"明净"的。比拟于空界的明净，所以称佛为琉璃光。约智慧说，名法界体性智。上来的说明，着重在涅槃唯有虚空可为比喻；或者说，取象于虚空界的明净，而表示佛与涅槃的真义。

## 四　涅槃与月亮

神类学者杜而未,卖弄民俗学、字源说,认为婆罗门教的涅槃一词,从月亮神话而来。他虽说:"释迦是否知道,尚成问题",却一厢情愿,以为佛教的涅槃,也非如此不可。如果不是这样说,那是佛教徒不懂涅槃,还得向杜而未学习。庸俗的神类学者,想以这样的研究动摇佛教的根本——涅槃,让耶和华来代替佛陀,来宰制中华人心。作为耶和华的奴仆,存这样的野心原是不足怪的。但我们,并不想做谁的奴隶,所以对神类学者的野心杰作,没有丝毫的同情!

关于语文〔依佛法说,文是依音声流变,表达情意或认识而成立;有音声上的文,而后有形色(书写)的文〕,我们与杜而未的看法是根本不同的。人类的语文,起初或是表达情意的,如欢笑、号哭、惊呼、呼召,以及忧喜悲惧所引起的声音;或是指示事务的,如天、地、日、月、明、暗、风、雨、山、河、草、木、鸟、兽、虫、鱼、上、下、父、母、自、他等名称。人类的文化日渐进步,语文也日渐繁复起来,而且是由具体的事物,而到达抽象的关系、法则等。语文的由简而繁,或是依旧有的,引申意义而略为变化;或触对新的事理,而创造新的语文。就是旧有的语文,音声也在随时随地而演化不已(标准语音是人为的、后起的),意义也在变,所以不论古今中外,一字每有不同的意义。在印度,即使是"字界",也有不同的意义。"字界"与"字缘"相合而成字,由于字界字缘的解说不同,和合而成的字义,解说也可作多样的解说。语文的音义,只是约定俗成,一直在演化中。也就因此,印度的声常论者,想以梵文的音韵表显宇宙的真相,完全是神学路数!

　　这里,有一点是必要记得的。应用语文的比较研究,探求一字的原意,只能证明某时某地某字的本义是什么,不能就此否定演化发展的新意义。这样,即使婆罗门教的涅槃原义与月亮神话有关,不能就此论定佛教的涅槃,也不过如此。耶稣以完成"上帝"的律法自居;孔子是宪章尧舜文武之道,事实上,也只是"以述为作",旧瓶装入新酒。这还不能以旧义来论定耶稣或孔子的是否,何况释迦以反婆罗门的立场,而宣告无师自悟呢?释迦说法,当然应用当时的语言与术语;业、轮回、菩提、涅槃,这都是旧有的语文。而释迦不像神类学者那样的卖弄字源说,而是从"空相应缘起",悟入无常、无我而体现涅槃;涅槃是内自证知的,不是外在的他力信仰。释迦教证的特质在无我;在"知法(即绝对真理、即涅槃)入法"时,"但见于法,不见于我"。这所以彻底否定了神的创造,而洗尽神教的愚昧。杜而未漠视这些,竟敢武断地以为佛教的涅槃也不外乎此,真是荒谬之极!我相信,真正的人类学者与字源说,和神化了的人类学、歪曲伪滥的字源说,并不相同。

　　上面说过,宗教的崇敬对象,有关于我们触对的境界。人类的语文,起初依指事而引申演化。在佛教,依德立名,无论称为什么,都不离取象于世俗的事理来诠表"正法"。所以,涅槃的原义与月亮神话有关或无关,都没有什么。不过我要说的,大小乘所共的涅槃,"无数无量,广大甚深,寂灭",不是取象于月亮,月亮哪里有"无数无量,广大甚深,寂灭"的德性?取象于世俗的方便假说,佛经是约虚空界以譬说"正法"(法性、空性);体法性而成身的"法身";契入法性而无碍自在的"涅槃"（涅槃也名无上法）。约大乘从体起用、即事显理（融相归性）来说，约虚空日月为比喻，倒不是没有的，但决不离却空界。如说："菩萨清凉月，常游毕竟空"；"慧日除诸暗，普明照世间"。经中更多说太阳：如佛名毗卢遮那，即是"遍照"；有的即称为"大日"。这是以杲日当空的光明遍照，来喻说觉法性而成佛的智光普照。成佛与示现涅槃，也就以日出及日轮潜晖来比喻了。阿弥陀（婆耶）佛是无量光。《观无量寿经》以落日为观而生起一切，那是比喻从今生到后生，此土到彼土，意味着那边（净土）的光寿无量。至于月轮，是取象于夜晚的空月皎洁，清凉寂静的境地，以此表达圣者的解脱，也比喻圣者的利益众生，如说："如月清凉被众物。"

我想告诉神类学者杜而未：佛教的涅槃，无论取象于什么，无论依什么而演化，主要是自内证知的寂灭，超越相对名相的绝对界。这不是根源于初民的神话，照着人类自己样子所造成的神。这里面，没有主宰（我）的权力欲，与一切神教——多神、一神无关。初民蒙昧意识所造成的拟人的神，在人类文明进步中，早已宣告消失，无影无踪。当然，杜而未如以为初民蒙昧意识所想像的神最好；或者一心一意，羡慕那不识不知、不知人间有羞耻事（眼目一明亮，知有羞耻，就失去了乐园）的亚当夏娃，那是各人的自由。不过，无论如何，不要为了这个，神经失常，满眼所见无非月亮才好！

# 三  东方净土为人间的极致

## 一  东方的理想国

净土,是佛菩萨的清净土,也是人间的理想国。约智证毕竟空性以明清净,只就佛的自证说;而净土是有社会性的,有众生,有衣食等一切问题。现实人间,是无限的苦迫与缺陷;净土是无限的清净庄严,自由与安乐。在这净土中,一切圆满,经常受佛菩萨的教化庇护。生在此中,一直向上修学,过着光明合理的生活。约佛的真净土说,一切佛土都是一样的。如有什么不同,那是适应教化的示现不同。那么,东方净土与西方极乐世界有什么差别呢?阿弥陀佛,在因中发愿,主要是:凡愿生我国土的,只要念我名号,决定往生。这着重在摄受众生,使死了的众生有着光明的前途。琉璃光如来因中发十二大愿,都是针对现实人间的缺陷而使之净化,积极地表现了理想世界的情况。这对于人间富有启发性,即人间应依此为理想而使其实现。十二大愿是:

一、人人平等。一切众生的相好庄严,都与佛一样;这意味着众生与佛的本性不二。净土的众生身相都是黄金色的,表示了种姓的平等。印度种姓的阶级森严,起初依形色来分别,所以梵语的"种姓",从色字而来。到现在白种人还歧视有色人种呢!这是人间苦迫的根源之一,所以净土中人人金色,也就是人人平等,没有种族歧视等因素了。

二、佛光普照，人人能成办一切事业。依世间的光明说，如白日临空，才能进行各种的事业。依智光说，没有智慧，什么都不会，什么困难都不能解决；有了智慧，才能无事不办。佛以无量智光普照大众，普熏众生而智慧渐长，所以所作事业，没有不成就的。

三、资生物非常充足。在人人平等，智力开展下，无事不成，所以生产丰富，民生安乐。

四、人人安住大乘。在这苦迫的人间，都安住凡夫法。凡夫是为了自己的名利享受而努力；或为了自己而专修禅定，独善其身。也有安住小乘法的，那是专心于自己的身心解脱，缺少积极为人的悲心。安住大乘法的，被称为火里莲花，是极难得的。但在净土中，都能安住大乘，不离世间，又不著世间。如《维摩诘经》所说："非凡夫行，非圣贤（指小乘）行，是菩萨行。"菩萨是自他俱利，上求下化的。大家能这样，那当然是极理想的了。

五、戒行清净。净土众生，行为都合于道德，没有杀盗淫妄的种种罪恶。人格健全，德行具足。

六、净土众生，没有六根不具的。个个身心正常，能进修佛法。

七、净土中没有众病的迫切苦。有了病，也不会贫病交加，而是眷属、资具、医药具足。有疗养，有休息，众病自然痊愈了。

八、人人是丈夫相。女人在生理上，苦痛多，障碍重；尤其是一向重男轻女的社会。净土都是大丈夫相，表示没有男女间的不平等。

九、思想正确，意志坚定。净土众生，不受魔网所缠缚，不为外道邪见所欺骗,个个修习大乘正道。

十、众生不受王法所录。古有"政简刑轻"的理想;政治修明到没有犯罪的,有也是很少,社会多么和平而安乐!净土就是这一理想的实现,不像我们这个世界,多有系闭牢狱、刑戮鞭挞等身心苦恼。

十一、净土中饮食丰足,而又进一步地饱餐法味,身心都有良好的粮食。不像我们这个世界,饥渴逼恼,为了饮食而造恶业。

十二、没有贫无衣服,常受蚊虫寒热逼恼的。不但有衣穿,还有种种正当的娱乐。负责教化的佛菩萨,先使众生的生活不匮乏,再施以佛法的化导,真是"衣食足而后知礼义"。

净土中,不但物质生活够理想,而智慧、道德,又能不断地向佛道而进修。这样的净土,比起中国人所说的大同世界,清净庄严得多了!佛在因中,立下这样的大愿。为了实现这样的理想,广行菩萨道,从自利利他中去完成。这不是往生净土,而是建设净土。这可说是最极理想的社会了!

## 二　东方净土与中华政治理想

东方净土,受琉璃光如来、日月遍照菩萨的化导。佛菩萨的光临净土,如虚空明净,日月辉光一样,象征这国土的清净与光明。中国的政治社会,从来也有这种理想,只是没有佛法所说的具体。古时帝舜作《卿云歌》说:"卿云烂兮,纠缦缦兮,日月光华,旦复旦兮"——以天像的瑞兆,来象征国家的治平。民国初年,曾用此为国歌。如赞誉政治的修明(帝王的贤明),每说:

"尧天舜日"，"光天化日"。陈后主的"日月光天德，山河壮帝居"，也是赞美君王的圣明。唐代的武则天，君临天下，自己起个名字叫"曌"，也就是日月临空，光照天下，以表示她政治的抱负。中华民国的国旗，还是"青天白日"。所以，青天（琉璃光）与日月辉光象征理想的政治社会，实是佛教与中国人的共同愿望。琉璃光如来发十二大愿（净土的建设计划），已经实现了东方净土，为人间净土的典范。大乘行者，应共同为这伟大理想而努力！

## 四　东方净土之辉光此土

现在，再说到东方净土，药师琉璃光佛的光明威德，加被我们这娑婆世界的众生。东方与西方净土，在摄化娑婆众生方面，是不同的。西方净土，从西方落日，生起清净世界，阿弥陀佛，观音、势至二菩萨。这如太阳的落山，所以着重摄受众生，作为死后的归宿。西方表示肃杀，像秋冬一到，草木都枯萎凋谢。但这种萎落，当下即是新生机的开始。所以，西方净土是无量光明藏，也是进入光明的开始。往生西方的，亲近佛菩萨，一直向佛道进修。而东方是表示生长，是光明（神圣）的出现处，如《易》说："帝出乎震。"东方药师琉璃光佛，是无量清净光明体。除了净土的庄严与净土众生的福乐上进而外，还加被娑婆世界的众生，好像天上的日月，光明照耀到大地来一样。所以东方净土的摄受此土众生，不但死后得安稳，现生也能免除种种灾难危厄。如于佛法没有正见，或破戒的，悭贪嫉妒的，误入外道邪魔歧途的,造作种种恶业的,都可依琉璃光如来的威光加被,而改邪归正,转迷启悟,获得新生。这或者修人天行,或修二乘行,或修菩萨行;求往生西方净土而不能成就的,也能承琉璃光佛的威光,于临命终时,为八大菩萨所摄引而到达西方。东方净土,如天色黎明,百事俱兴。常持《药师经》、药师佛号、药师咒,都能得佛力的加持。所以东方净土不但为人间的理想国,在现实困迫灾祸的人间,能蒙佛力的救护。这可见东方净土的法门,是如何的广大!

## 五　东方净土之表征自心

依天界而表现的东方净土,及佛菩萨威光的加被此土众生,似乎佛与净土是外在的。这当然可以这样说,但还有深刻的意义。一切宗教,都外依境界而启发内在的。人类有平等自由、永恒安乐的理想,有超越现实苦迫的愿望,所以出现种种宗教,但总是拟想为外在的神与神国,而摄引人去归向。佛法所说的佛与净土,是我们的师范,理想世界;但同时,并非向外驰求,而是内在德行的体现,能达到与佛一样的究竟圆满。这才是宗教的究极意趣! 外教虽有神与天国,但信他学他,最多是进入神国,与神同。其实,神是神,你是你,你永远是不彻底不平等的被统治者。这不能算是究竟圆满的宗教!

现实不彻底的一切苦迫,净化而到达圆满境地,即是成佛,佛是自心的究竟清净。因此,或说"心即是佛",或说"唯心净土"。有些误解了,抹煞外在的净土,这是不对的。法性身土虽没有彼此差别,但不能没有其他的净土与诸佛;不能因自心的佛净土,而否认其他的一切。

从自己身心来说,东方净土表征些什么呢?众生是愚昧的,颠倒的,没有实在的我法,而执著实我与实法。这不能通达法性——空性,就是无明。有了无明,即生死流转,苦苦不已。这如有了云雾,就不见虚空的真相;虚空是那样的暗昧。到成佛,觉证了法界的清净真相,才不为无明所蔽。如虚空的云消雾散,是那样的明净。觉(慧)证清净法界性——胜义谛,迷了即成世俗谛。梵文中,俗谛含有隐覆的意思,所以说:"无明覆真故世俗"。这如带上凹凸镜,所见的都不正确一样。依龙树论说:如悟了无明的实性,无明就是般若(明);如不悟,般若也成为无明。所以即暗昧的虚空为明净的;即迷昧了的众生,如觉了法性清净,究竟圆满,是琉璃光佛。

众生无明为本,而有两大烦恼——爱与见。见是知解的、见解的种种偏执。爱是情感的,对自我及外境贪恋不舍。所以烦恼有见所断、修所断二类。经说烦恼有五住地:见一处住地、欲爱住地、色爱住地、有爱住地、无明住地。无明住地(虚空暗昧)为本依,而有见、爱(如云如雾);见是我见法见,爱是我爱法爱。到了证入清净法性,两大烦恼就转为两大德性。见是如实正见,就是般若、菩提;爱净化而为慈悲。智慧如日光的遍照成事,慈悲如月光的清凉荫物。这就是东方净土中,日光遍照与月光遍照二大菩萨所表征的德性。

还有八大菩萨,在凡夫位,即有漏八识或八邪道;觉悟时,成无漏八识(或名四智)或八正道。约"八正道行入涅槃"说,表征八正道的导向寂灭,更为妥贴。又迷于见,著于爱,引起无边的烦恼;这些烦恼(八万四千),如无数星宿的隐没暗淡。空界明净时,无数星宿辉光,那就是觉证清净法界,成就一切(八万四千)功德了!

东方净土的表征自心,可说是佛法的特色。从众生的本性清净(本性空),而显出烦恼即菩提,生死即涅槃;无明爱见等一切烦恼的转化,就是佛果的无边功德。如来藏(佛性)法门,特别指出众生心本具清净德性,智慧光明,所以不仅是心本净性,而且是心光明性。这是直指生死杂染的当下,本有净明;明暗、染净,只是迷悟而已。如风雨之夜,光明不显,只是被乌云遮蔽了。而我们能见黑暗,也还是由于微弱的光;没有光,黑暗也说不上了。这样,暗染不离明净,离愚痴杂染,就没有智慧清净。众生本具明净的可能性,这才自发地现起求明求净的意欲,也才有成佛的理想与实现。所以,佛法的深义,是以外在的诸佛与净土为增上缘,作为开发自心光明种种功德的典范;而又以自心胜德为因缘,直从自己本身去体现,以达到内外一如、心境不二、生佛无别的境地。总之,若专向外求,而不知直向自身去掘发,如自身有宝而向他求乞,失却佛教的真价值,类如神教的归向于天神求生于天国了。反之,如了解宗教的究极意趣,那么仰望神力与求生天国的神教,病在不能彻底体认自己,如雾里看花,近似而不够真切。如能彻了究竟,才知一切宗教的崇仰——神与天国等,都不外众生本具明净性德的内熏而表达出来。这所以《楞伽经》列举印度宗教的梵、自在、因陀罗等神,而说世人只知崇拜,而不知道就是佛。

在人智不断进步的现在到将来，拟人的神教，必然地归于消失。真正的宗教——佛教，将成为一切人的依怙。

（能度、慧理记）

# 五　宋译《楞伽》与达磨禅

　　达磨大师传来的禅法,演为后代的禅宗,一千多年来,成为中国佛教的中坚,对于中国佛教,有无上辉煌的功绩;就是对于中国文化,也有不可磨灭的地位。然而源远流长,对于达磨初传的禅法,特别是与宋译《楞伽》的关系,大家都多少迷糊了。从前,达观他们甚至怀疑达磨的《楞伽》印心。近代,有人以为:达磨初传的禅法,大体符合瑜伽;后因受菩提流支十卷《楞伽》的影响,这才与瑜伽唯识学离远了。本文就想对于达磨初传的禅法,关于宋译《楞伽经》,略加叙说。

一

　　据唐道宣的《续高僧传》所说:"初达磨禅师,以四卷《楞伽》授(僧)可曰:我观汉地,惟有此经,仁者依行,自得度世。""可师后裔,盛习此(楞伽)经。……其经本是宋代求那跋陀罗三藏译。"这是达磨以四卷的宋译《楞伽经》,印证所传授的心地法门,以及后学的弘传事迹(有《楞伽师资记》)。达磨禅法与《楞伽经》的关系,实在毫无疑问。

　　四卷《楞伽》的译者求那跋陀罗,是中天竺人,元嘉十二年

（435）从南海到达我国的广州。死于宋明帝泰始四年（468），年
七十五，可推见他生于394年。求那跋陀罗三藏，译出了《胜鬘
经》、《楞伽经》、《相续解脱经》、《法鼓经》、《央掘魔罗经》，为一
典型的真常（唯心）大乘论者。传禅的达磨禅师，禅宗后起的传
记，是不尽可信的。依早期的传说，如《洛阳伽蓝记》、《续高僧
传》所载，他年约一百五六十岁。"达磨灭化洛滨"，在天平年
（534—）以前，可见达磨约生于西元370年顷。《僧传》说：达磨
"初达宋境南越，末又北度至魏"。南天竺的达磨，也是从海道
来的，也还是刘宋的时代。从年龄来说（达磨略长），从来中国
的路线说，来中国的时代说，求那跋陀罗与达磨是大致相同的。
达磨的传授禅法，特地引用求那跋陀罗译的《楞伽经》，可说就
是见地相近的明证了。达磨的北度至魏，虽还没有译出十卷
《楞伽》，然传说达磨受到菩提流支门下的不断毒害，而僧可的
弘通达磨禅法，"魏境文学多不齿之"。达磨禅与宋译《楞伽》相
应，与菩提流支的十卷《楞伽》有着隔碍，这应该是了解达磨禅
法的关要。后代禅宗所传的术语，有关于《楞伽经》的，也都用
四卷而不取十卷，如：

| 宋译： | 魏译： |
|---|---|
| 如来禅 | 如来藏禅 |
| 宗通说通 | 建立正法相说建立正法相 |
| 说通自宗通 | 建立说法相建立如实法相 |
| 一切佛语心 | 诸佛说法教心 |
| 先佛所说 | 过去诸佛所说 |

## 二

　　《楞伽经》被瑜伽唯识学者列为六经之一。当然《楞伽经》到处都有与唯识宗义（与《摄大乘论》更相近）相合的，但根本大义，也许恰恰相反。《楞伽经》总是说"如来藏藏识心"，如来藏与阿赖耶——藏识，从相关不离的见地去说明，所以曾被唯识学者评为"楞伽体用未明"。其实，楞伽法门是另有见地的，只是与唯识学不同罢了！主要的，《楞伽经》所说的阿赖耶识，有着真妄和合的意义（与《起信论》多少不同），这在宋译《楞伽经》说得非常明白，如说："如来藏……为无始虚伪恶习所熏，名为识藏……自性无垢，毕竟清净。"识藏——阿赖耶识，是如来藏与杂染熏习（业相）的统一。阿赖耶识，由于杂染种习，当然现起根尘器界，因境界风动而现起七转识，似乎虚妄杂染，而自性还是本净的。所以，不能解说为：如来藏是性净，阿赖耶识是妄染，因为阿赖耶就是真净的。

　　阿赖耶识的真净，在《楞伽经》的心意意识章中，说到藏识与转识不一不异时说："非（阿赖耶）自真相识灭，但业相灭；若自真相灭者，藏识则灭。"唐译与宋译同。宋译又有"覆彼真识"、"藏识真相"二句。魏译与唐译，都但是阿赖耶识。这可见，梵语的阿赖耶识，求那跋陀罗——宋译是解说为：覆彼真相之识，藏彼真相之识的。换言之，由于无始来的虚伪恶习所熏，隐覆真净，如来藏也就名为阿赖耶识了。所以阿赖耶识有二义：自真相，业相。不灭的自真相，就是如来藏，所以《密严经》有"我说如来藏，以为阿赖耶"的颂说。此外，宋译《楞伽》又有"合业生相,深入计著"二句,魏译作"业体相使缚故"。梵本的《楞伽经》就作"业与真相"。这可见,经义是说,业相染著真相,随逐而转,可为阿赖耶识有二分的确证。

阿赖耶,译为藏。宋译一再译为"覆彼真识"、"藏识真相",可见着重在覆藏,藏隐,也就摄得真相。从这点去看,如宋译说:"略说有三种识,广说有八相。"三识是:真识,现识,分别事识;而魏译与唐译,都没有说到真识。又如宋译说(唐译同):"藏识海常住,境界风所动",魏译就没有常住的意义。玄奘所译(见《成唯识论》),也只是"恒转"的意思。宋译对于阿赖耶识,特地点出"真识"、"常住",也就是宋译《楞伽》的着力处。宋译卷四说:"此如来藏识藏,一切声闻缘觉心想所见,虽自性净,犹见不净,非诸如来。"这应该联想到:求那跋陀罗所译的《胜鬘经》所说"自性清净心,为客尘所染"一段。自性清净心(如来藏)为客尘所染,从在缠而本性清净说,名为如来藏;从自性清净而现为不净来说,就是识藏。《楞伽经》处处说"如来藏藏识心",理由就在于此。

这样看来,《楞伽》的如来藏藏识说与瑜伽唯识学,不能不说是距离很远的。

三

楞伽法门,一般看作唯心的法门。《楞伽经》到处宣说唯心所现。阿赖耶识的显现一切,"如明镜持诸色像","水流处藏识转识浪生"。但佛说唯心所现,不像一般唯心论者,将全部精力去说明怎样的唯心所现。唯心论者,不但是玄奘的唯识系,就是菩提流支的地论系、真谛的摄论系、属于无著世亲的瑜伽学者，都不免着重于建立，而且特重于"依心立境"、"境无心有"的立场。所说的心，又正是虚妄分别的心识。这与《楞伽经》，尤其是宋译《楞伽》，是不相应的。这不是说，《楞伽经》不说唯心所现，没有安立心境，而是说意趣的、重心的不同。着重于唯心所现的安立，是外向的；到极端，徒重于事理的说明精严，而忽略佛说唯心的意趣所在。而《楞伽经》，意趣是内向的；唯心所现，为观察的方便，而着重于导入超越唯心的自觉自证。所以唯心所现，不是法门的宗极。说得最明显的，如说："采集业说心，开悟诸凡夫。""若说真实者，心即无真实。""言说别施行，真实离名字；分别应初业，修行示真实。真实自悟处，觉想所觉离，此为佛子说。愚者广分别，种种皆如幻，虽现无真实。"这可知，大乘法门的唯心所现，还是为愚夫的方便安立，而佛法的第一义、究竟，是自证的真实，是离心意意识的自觉圣智。

　　唯心所现不是究竟的真实，宋译是明确的宣示，而魏与唐译每不同。如宋译说："如实处见一切法者，谓超自心现量。"魏译作："云何住如实见？谓入自心见诸法故。"唐译作："见一切法如实处者，谓能了达唯心所现。"然从上引文而论，宋译是更妥当的。因此，宋译每有唯心非实的教说，而魏译却不同。如宋译说："受想悉寂灭，亦无有心量"（唯心的异译）；魏译作："无想定灭尽，亦皆心中无。"宋译说："超度诸心量，如来智清净"；魏译作："能入是唯心，智慧无垢相。"《楞伽》说唯心，而着重于超越唯心，宋译是特重于此，这应是达磨禅的重视宋译《楞伽》的理由吧！

这一浅深的差别,又见于报佛及法佛的不同,如说:"法依佛(即报佛)说:一切法入自相共相,自心现,习气因……。法佛者,离心自性相,自觉圣所缘境界建立施作。"这是说:唯心所现,种种如幻,还是报佛的说法,而不是法佛。又见于宗通及说通,如说:"说通者,谓随众生心之所应,为说种种众具契经,是名说通。自宗通者,谓修行者,离自心现种种妄想,谓不堕一异俱不俱品,超度一切心意意识……说者授童蒙,宗为修行者。"从佛法的一贯性说,这是由浅而深的次第;约修行来说,也就是从观察义禅,攀缘如禅,到如来禅的自觉圣智境界。但在别对初学与久行,童蒙与修行者来说,自不妨有直示如来禅的教授。禅观的次第,略列如下:

观察义禅——观唯心所现(似义显现),法无我性

攀缘如禅——观真如,离我法妄想,空无我性的影像还在

如 来 禅——离空无我相,现证如实(甚深空空义,愚夫不
　　　　　能了。……自觉圣智子,实际我所说)

## 四

唯心所现的心,梵语质多,就是平常所说的"集起心"。集起心与意及意识,在自觉现证中,是超越泯绝了的。所以佛说唯心所现,要人觉了一切为唯心所现的,不取著于唯心所现,境空心寂而契入于寂静(宋译作"无受","无所有")的如实。所以《解深密经》以不见阿陀那、不见心,为心意识秘密善巧。而《楞伽经》常说"离心意意识"。此外,《楞伽经》更提到:"大乘诸度门,诸佛心第一。""此是过去未来现在诸如来应供等正觉性自

性第一义心。""成真实相，一切佛语心。""成自性如来藏心。"此心，梵语纥伐耶——旧译作肝栗大。这是"如树木心，非念虑心"。这如树木的中心，最坚实的，与一般所说的"核心"、"心髓"一样。如来藏心、自性清净心，都是这样的真实心，是不可从思虑分别，或集起心的意义去理解的。这是如、法性、实际、法无我性等异名。由于唯心论的方便安立，摄一切法为集起心——阿赖耶识所幻现，从此去体悟法性的本净，所以说为心性本净。这就是藏识的自真相，或者名真识（识的真实分）。但此真实心，不可作分别觉解想的，也不是唯心所现的心。如以平常的心为主，分作真心、妄心去理解，真实心才被看作灵觉的，或者要从见闻觉知中去体认了！

## 五

《楞伽经》与达磨禅的关系，一般都着重于《楞伽经》的：着重离名离想，离妄想自性，虽安立百八句，而宗归于"悉檀（宗）离言说"。这些，当然是以说明《楞伽》与达磨禅的关系，但上文所引述的，更可以看出二者间的关系。

达磨禅的古典记载，要推《二入四行论》。二入中的理入，是从禅思去证入真理。如说："藉教悟宗，深信含生同一真性，客尘障故，令舍妄归真。凝住壁观，无自无他，凡圣等一，坚住不移，不随他教，与道冥符，寂然无为，名理入也。"此理，又说为"性净之理"。从藉教悟宗，到舍妄归真，是从闻思（不一定研究经教，从师长开示而了解了，也是闻思）去悟解佛法的宗要。然后凝住壁观，从禅观去体证本净的真性。这与一切大乘禅观的不离言教,并无差别。藉教悟宗,最足以说明达磨禅着重宗通的修证,而又以《楞伽经》授慧可的传说。由于达磨禅——宗,离言离想,这才修改"不随他教"为"更不随于言教"(见《楞伽师资记》),然后演化为不立文字的禅风。不知道"不随他教",只是大乘经中"不由他(教而)悟"、"悟不由他"、自觉自证的意思,并不是说:离却语言文字去修行。

达磨传禅,以《楞伽经》授慧可。所说的藉教悟宗,只是"含生同一真性","性净之理",并不以唯心为悟处。这惟有从宋译《楞伽》的特重藏识真相,真识,超越心量(如经说:"觉知自心现量,不著外性,离于四句,见如实处"),真实,实际;以及"修行示真实"、"宗为修行者"的法门,才能看出两者的一致。后代禅者,多说"明心见性"、"自心是佛"、"即心是佛"、"即心即佛"、"自己心灵体离断常"、"百千法门,同归方寸",显然的对于"心"大大的着重起来。禅宗所说的心,并不等于集起心,但如宗密所说:达磨是说心(见《禅源都诠序》),就不免强调了!反而,达磨门下,慧可的再传满禅师就常常说:"诸佛说心,令知心相是虚妄法,今乃重加心相,深违佛意。"这正是《楞伽经》"若说真实者,心即无真实"、"采集业说心(唐译作"言心起众相"),为化诸愚夫"的注解。达磨禅以大乘唯心的《楞伽经》为证,而但说"真性"、"性净",意在超越唯心,离心意意识,也即是自性清净的如来藏,无自无他,凡圣等一的真性。宋译《楞伽》的译主求那跋陀罗,是特别着重本性清净的如来藏;在所译的《楞伽经》中,更着重流露这点,这难怪达磨的传授宋译《楞伽》了!

# 六

《楞伽经》说:"非幻(是)惑(乱)因,不起过故。""不应立宗分,谓一切法不生;如是一切法空;如是一切法无自性,不应立宗。然菩萨摩诃萨说一切如幻梦。"立宗,是建立一切法的宗本。《楞伽经》立如幻宗,也就是依缘起法如幻立宗。如幻的一切法,离有非有,离觉所觉;离断常,离一异,就是幻性的真实,不是离幻而别说真性的。这与"非幻不灭"的真常宗不同。于如幻性离有无而体见真常——生死即涅槃,烦恼即菩提,众生即佛——的体悟,便是达磨禅。如《高僧传》说:向居士问僧可,从幻化非真作问,僧可印证他,答复为:"本迷摩尼谓瓦砾,豁然自觉是真珠,无明智慧等无异,当知万法即皆如。"虽然,以空为遍计所执性空,《楞伽经》的如来藏禅与缘起即空的般若宗小异;但着重离名离想的自证真性,超脱名相,在大乘三系中,实在比较与三论一系相近。这所以,僧可见栖霞山慧布(止观诠弟子),赞为:"破我除见,莫过此也!"等到禅流南土,从"三论之匠"茅山炅法师受学的牛头法融,后世就看作达磨禅的一流。从璧法师"听四经三论"的衡岳善伏,就从道信受禅了。而从安州𡠡法师:听大品三论的法冲,也就专依"南天竺一乘宗"来讲说《楞伽》。他说:"达磨禅师传(《楞伽经》)之南北,忘言忘念无得正观为宗。"无得正观四字,宛然三论学者口吻。而法冲的讲《楞伽》:"前后敷弘,将二百遍,须便为引,曾未涉文,而通变随缘,寄势陶诱,得意如一,随言便异。"与兴皇朗的"适化无方,陶诱非一",讲《中论》作三十余种势,有什么不同? 达磨禅本为体幻即真的禅风,在初期的开展中,与三论宗相融合,道宣指达磨禅为:"审具慕则,遣荡之志存焉。观其立言,罪福之宗两舍",这简直就把它看作空宗了！然而,如来藏禅,由观唯心所现而悟入;如来藏藏识的密切,到底使后代的禅风更倾向于唯心的立场,而成为绝对唯心论的禅者。

# 六 东山法门的念佛禅

## 一 东山法门的兴起

达摩(磨)所传的禅,到初唐而忽然隆盛起来。被尊为四祖的道信,住蕲州(今湖北)黄梅县的破头山(约西元620—651),会下有五百多人。到了弟子弘忍,也就是五祖,在破头山东(所以也称东山)的冯茂山继续弘扬(652—674),学众多到七百多人,成为当时中国的禅学中心。杜朏的《传法宝纪》(713—作)形容当时的盛况为:

> "既受付嘱,令望所归。裰褛凑门,日增其倍。十余年间,道俗受学者,天下十八九。自东夏禅匠传化,乃莫之过。"

达摩的禅门,到这时才成为中国禅学的主流。再经六祖慧能门下——荷泽、南岳、青原门下的阐扬,进一步而成为中国佛法的主流。在中国禅宗的发展中,被称为"东山法门"的五祖弘忍,是有重要贡献的!五祖并没有著作,现有敦煌出土的《导凡圣悟解脱宗修心要论》，署名"蕲州忍和上"，这也只是弟子们传述而撰集下来的。代表五祖禅的《修心要论》，主要为：

"夫言修道之体，自识当身本来清净，不生不灭，无有分别，自性圆满，清净之心：此是本师，乃胜念十方诸佛。"

"故知法要，守心第一。此守心者，乃是菩萨之根本，入道之要门，十二部经之宗，三世诸佛之祖。"

《修心要论》，大致代表了五祖的禅。然"东山法门"的面目，最好从五祖门人，分化一方的诸大弟子所表见的禅风去理解。虽然五祖门下，悟入有浅深的不同，应机设化的方便也不必相同，但同承五祖的"东山法门"，在差别中应有共同的部分。从五祖门下的共同部分来理解"东山法门"当时的情况，应该是更正确的。

五祖门人，有十大弟子，如《楞伽师资记》（720顷）、《历代法宝记》（774—）、圭峰《圆觉经大疏钞》（823）卷三之下，都说到"一方人物"的十弟子。现在还多少可以考见的，有曹溪慧能、荆州神秀，这代表了"南宗"、"北宗"二大系。此外在四川的，还有资州智诜门下的"净众宗"、"宣什宗"。五祖门下，遍布于中国的东西南北，代表中唐时期的禅门。

## 二　文殊般若与一行三昧

《楞伽师资记》说：

"则天大圣皇后，问神秀禅师曰：所传之法，谁家宗旨？

答曰:禀蕲州东山法门。问:依何典诰? 答曰:依文殊说般若经,一行三昧。"

近代学者对于禅宗史的研究,重视《楞伽经》与《金刚经》,甚至有人以《楞伽》及《金刚》来区分禅的今古。这是以为:五祖以前,是楞伽禅系;到六祖,才以《金刚般若波罗蜜》教人,成为般若禅系。其实,五祖与六祖,五祖与其他门人间,能统一而理解其真意义的,应该是《文殊说般若经》的"一行三昧"。《文殊说般若经》现有三译:一、梁扶南三藏曼陀罗仙所译,名《文殊师利所说摩诃般若波罗蜜经》,分为二卷。二、梁扶南三藏僧伽婆罗所译,名《文殊师利所说般若波罗蜜经》,一卷。三、唐玄奘三藏所译,编入《摩诃般若波罗蜜多经》第七会,名"曼殊师利分",二卷。在这三译中,惟有曼陀罗仙的译本,有"一行三昧"一段,如说:

"如般若波罗蜜所说行,能速得阿耨多罗三藐三菩提。复有一行三昧,若善男子善女人修是三昧者,亦速得阿耨多罗三藐三菩提。"

"佛言:法界一相,系缘法界,是名一行三昧。"

"欲入一行三昧者,当先闻般若波罗蜜,如说修学,然后能入一行三昧:如法界缘,不退不坏不思议,无碍无相。"

"欲入一行三昧,应处空闲,舍诸乱意。不取相貌,系心一佛,专称名字。随佛方所,端身正向。能于一佛念念相续,即是念中能见过去未来现在诸佛。何以故? 念一佛功德无量无边,亦与无量诸佛功德无二。不思议佛法功德,等无分别,皆乘一如成最正觉,悉具无量功德,无量辩才。如是入一行三昧者,尽知恒沙诸佛法界无差别相。"

"一行三昧",是般若与念佛的合一。修"一行三昧"的,先要"闻般若波罗蜜,如说修学"。在般若修学中,更修"一行三昧",这是速疾成佛的法门。"一行三昧",是"系缘法界"的,即缘一法界的无分别相而修。这与一般的般若观照法界,有什么不同呢?"一行三昧"是以念佛为方便的。"一行三昧"的念佛,"不取相貌",这是不观佛的相好,而是"专称名字"的。一心称念佛名,如能"于一佛念念相续",就能见三世一切佛。"恒沙诸佛法界无差别",一切佛都是"乘一如,成最正觉"的。所以这是"系缘法界"——"一如"而称名,也就是从持名念佛,而直入实相念佛的。这样念佛的"一行三昧"与般若相应,是速疾成佛的法门。

梁真谛三藏,也是经扶南国而来的,比曼陀罗仙们要迟三十多年。在传说为真谛所译的《大乘起信论》,也说到"一行三昧":

"依是三昧故,则知法界一相,谓一切诸佛法身,与众生身平等无二,即名一行三昧。"

《起信论》在说明修习奢摩他(止)时,说到"一行三昧"。基于法界一相,而显示"佛身"、"众生身"的平等不二,这一念佛而契入法界性的法门,正如《维摩诘经》所说:"观身实相,观佛亦然。"《阿閦佛国经》所说:"如仁者上向见空,观阿閦佛,及诸弟子,并诸佛刹,当如是。"以法界无差别为观,而契入生佛一

如、身土一如。"一行三昧"的特性,与此相合,而是以称名念佛
与观法界性为修的。神秀所传"东山法门",宗于《文殊般若》的
"一行三昧",应重视这一特性——念佛,法性平等的合修。这
一特性,《传法宝纪》也明白说到:

> "忍、如、大通之世,则法门大启,根机不择,齐速念佛
> 名,令净心。"

忍,是五祖弘忍。如,是五祖的弟子,潞州法如。大通,是神
秀。《传法宝纪》说:五祖及法如与神秀,开启的禅门,是这样教
导的。"念佛名","净心":这二者,就是教授修持的方便,正是
《文殊所说般若经》中"一行三昧"的修持方便。现在专从这两
点怎样的统一修持,来观察五祖门下分头弘化的禅门。

## 三　北宗的念佛、净心

先说北宗。在形式上,这是更近似"东山法门"的学派。一
般以神秀为北宗。其实,神秀为北宗的代表人物,而北宗实为五
祖门下,以嵩山为中心,而弘化于当时的政治中心——东(洛
阳)西(长安)二京的禅系。神会秉承韶州慧能的禅风,以"南
宗"为号召,黄河流域的五祖门下,也就被称为"北宗"了。这是
五祖的大弟子们,神秀只是杰出的一位而已。从历史上看来,这
一系中,以垂拱二年(686,五祖去世已十年了)法如在嵩山开法
为始。法如于永昌元年(689)就去世了,所以不大著名。接着,
神秀在荆州玉泉寺弘开禅法,门下盛极一时。久视元年(700),

受则天帝的礼请进京,被推为"两京法主,三帝(则天、中宗、睿宗)国师",受到了无比的崇敬。神秀弘禅的时代,为690—706年。五祖的又一位弟子安州玄赜,也在景龙二年(708)奉敕入西京,在东都广开禅法,约720顷去世。在这一时期中,还有五祖弟子嵩山老安、隋州玄约、资州智诜,都被征召入京,在两京一带弘化。则天帝曾征请了八位禅师,大都是五祖门下。神秀的弟子中,义福、普寂。尤其是普寂,他奉则天的制命,代统本师神秀的法众,一直在京师弘化,一共三十多年,到开元二十七年(739)才去世,在当时的禅师中,享到了神秀那样的尊崇。普寂曾推神秀为六祖,自己为第七祖。这五十年,可说是北宗独占了北方禅门的时代。

北宗的禅风,过去只是从《坛经》的"时时勤拂拭"及圭峰的《圆觉经大疏钞》略知一二。近代由于敦煌写本,代表北宗的作品的发现,而逐渐明了出来。代表北宗的作品,有关史传的《传法宝纪》、《楞伽师资记》而外,重要的有《大乘北宗论》、《大乘无生方便门》、《大乘五方便》(《宗教研究》新十四卷二号)、《无题》(大英博物馆 S 二五〇三)、《无题附赞禅门诗》。《大乘无生方便门》、《大乘五方便》、《无题》、《无题附赞禅门诗》实为同一内容,只是传本不同——次第、详略,具阙的不同而已,为北宗当时传授禅法的一种记录。

代表这一禅门的,是"五方便":一、总彰佛体——离念门,依《起信论》。二、开智慧门——不动门,依《法华经》(也通释《金刚经》、《维摩诘经》、《华严经》)。三、显不思议门,依《维摩诘经》。四、诸法正性门,依《思益经》。五、无碍解脱——了无

异门,依《华严经》。《坛经》中说:

> "又见有人教人坐,看心看净,不动不起,从此置功。"
>
> "此法门中坐禅,元不看心,亦不看净,亦不言(不)动。"

《坛经》所指责的,正是五方便中的前二门。看心看净,是离念门;不动不起,是不动门。这是北宗传授修持的法门;其余三门,只是以此解通大乘经义。所以圭峰称之为"拂尘看净,方便通经"。"不动门",虽参合了《涅槃经》的闻不闻四句,而实则与《楞严经》有关。如说:

> "和尚打木问言:闻声不?(弟子答):闻。不动。"
>
> "于耳根边证得闻慧,知六根本来不动。有声无声落谢常闻,常顺不动修行。以得此方便正定,即得圆寂,是大涅槃。"

这是根性常在不动的说明。和尚击木发声,问大家"闻声否",与《楞严经》的击钟验常一样。从根(闻等)性不动用功,开智慧门,入佛知见。这部分搁下不谈。

北宗的传授,主要为总彰佛体——离念门。传授的前方便,是发愿、忏悔、受戒等。正授的方便,是这样:

> "次各令结跏趺坐。
>
> 问(原作"同"):佛子!心湛然不动,是没(什么)?言:净。佛子!诸佛如来有入道大方便,一念净心,顿超佛地。

和尚击木,一时念佛。

和(尚)言:一切相总不得取相,所以《金刚经》云:凡所有相,皆是虚妄。看心若净,名净心地。莫卷缩身心！舒展身心,放旷远看,平等尽虚空看！

和(尚)问言:见何物?(佛)子云:一物不见。

和(尚)言:看净,细细看。即用净心眼,无边无涯际远看,(原有"和言问"三字,应是衍文)无障碍看！

和(尚)问:见何物? 答:一物不见。

和(尚)言:向前远看,向后远看,四维上下一时平等看,尽虚空看。长用净心眼看,莫间断,亦不限多少看。使得者然(疑是"能"字)身心调,用无障碍。

和(尚)言:三点是何?(佛)子云:是佛(∴,见《涅槃经》,读为伊,代表佛大般涅槃。古人,现代的日本人,"佛"字每写作"仏",就从此意义而来)。"

"是没是佛? 佛心清净,离有离无,身心不起,常守真心。是没是真如? 心不起心真如,色不起色真如。心真如故心解脱,色真如色解脱。心色俱离,即无一物是大菩提树。

佛是西国梵音,此地往翻名为觉。所言觉义,谓心体离念。离念相者,等虚空界,无所不遍,法界一相,即是如来平等法身。于此法身,说名本觉。觉心初起,心无初相,远离微细念,了见心性性常(性常,疑是"常住"之误),名究竟觉。"

上来所引的,是《大乘无生方便门》文。这是当时传授禅法

的实录。"和"是和尚,禅法的传授者。"子"是佛子,指来会受
禅的大众。传授,采问答式:一面说,一面用功,一面问,一面答。
在大家结跏趺坐后,和尚先标举主题:"心湛然不动"是什么?
自己说:是"净"。这一"净"字,是北宗坐禅的要诀。所以接着
说:"如来有入道大方便,一念净心,顿超佛地。"原则地说,北宗
是直示"净心",顿成佛道的。"净",只是"净心"。主题宣示已
了,和尚把"法木"(如惊堂木一样。现在讲经、传戒,也还用木)
一拍,大家一起念佛。念什么佛? 怎样念佛,虽不大明了,而北
宗的禅法方便,的确是先念佛的。

　　来参加传授禅法的大会,只是为了成佛。念佛虽只是口里
称名,却是引心向佛。进一步,要坐禅了。佛是"觉",是"心体
离念",也就是"湛然不动"的"净心"。所以要大家从"净心"下
手用功。据北宗原意,不是要你执著一个"净心",所以先引《金
刚经》句,一切相都不得取。一切相不取不著,就是净心了。
"看",就是"观",用"净心眼看",上下,前后,四方,尽虚空看。
依北宗的见解,我们的身心,是卷缩的,就是局限在小圈子里,所
以用尽一切处看的方便,从身心透出,直观无边无际,无障无碍。
如《无题》(大英博物馆 S 二五〇三)说:

　　"问:是没是净心体? 答:觉性是净心体。比来不觉故
　心使我,今日觉悟故觉使心。所以使伊边看,向前向后,上
　下十方,静闹明暗,行住坐卧,俱看。故知觉即是主,心是
　使。所以学此使心方便,透看十方界,乃至无染,即是菩
　提路。"

坐了一回,也就是看了一回,和尚就问:见个什么? 坐者说:
"一物不见",就是"无一物"。一再问答,"一物不见"。尽虚空
观而没有什么可得的,这就是系缘法界一相。然后和尚又问:∴
是什么? 是佛。一转而直示净心即佛,所以说"佛心清净,离有
离无"。看心看净,只是"离念门","无一物"是"大菩提树"(依
此开花成果)。对于"佛"的开示,直引《大乘起信论》的"觉
义"。觉是"心体离念","离念相……即是如来平等法身"。所
以北宗是以"净"——无一物可得为方便;以"离念"成就"净
心",顿成佛道的。

这是传授方式。学者在平时,当然不用问答,只是念一回
佛,然后摄心看净。初学到尽虚空看,也还是有次第(很像修四
无量观,由小而大,由近而远)方便。到成就,就是证入。《楞伽
师资记》传五祖弘忍说:

> "尔坐时,平面端身正坐。宽放身心,尽虚空际远看一
> 字(可能是佛字),自有次第。"
> "若初心人攀缘多,且向心中看一字。"
> "证后坐时,状若旷野泽中,迥处独一高山,山上露地
> 坐。四顾远看,无有边畔。坐时,满世界,宽放身心,住佛境
> 界。清净法身无有边畔,亦复如是。"

《文殊般若经》的"一行三昧",专念佛名,系缘法界一相,能
悟入众生与佛的法界无差别性。"一行三昧"的修持方便,是否
与北宗一样,当然还待研究。然在形式上,"东山法门"以般若
的"一行三昧"为宗,疾成佛道;北宗的修法,也可说最近似了!

## 四　净众与宣什宗

五祖门下分化于现今四川省方面的,不在少数。现今所能知道的,有"净众"(或作净泉)、"保唐"、"宣什"——三派。保唐宗是不念佛的。这一派,形式上继承五祖弟子,而实受到南宗——曹溪禅的影响。净众与宣什,都没有详备的记录可考,现就可知的略为叙述。

"净众",继承五祖弟子资州智诜的法脉。智诜也曾应则天的礼请,回到资州(今四川资中县北)德纯寺,长安二年(702)就去世了。弟子处寂(俗姓唐,人称唐和上)继承弘阐,开元二十年(732)去世。继承人为无相(俗姓金,新罗人,人称金和上),移住成都的净众寺,成"净众"一派。智诜与处寂的传禅方便,无可稽考。无相——净众的开法情形(称为"开缘"),如《历代法宝记》说:

> "金和上每年十二月、正月,与四众百千万人受缘。严饰道场,处高座说法。"

> "先教引声念佛,尽一气念绝,声停,念讫云:无忆、无念、莫妄。无忆是戒,无念是定,莫妄是慧。此三句语,即是总持门。"

净众宗的"开缘",据《圆觉经大疏钞》卷三知道与当时的开戒一样。这是集合大众而进行传授与短期的学习,所以"十二月正月",不是两次,而是从十二月到正月。大众集合后,先要修方等忏法,一七或二七,然后正授禅法。授时,先教大家引声念佛,也就是尽一口气而念。大概念了多少口气,声音停下来,开示禅法,总不离"无忆无念莫妄"三句。开示传授完了,接着就坐禅,如《圆觉经大疏钞》卷三之下说:

> "授法了,便令言下息念坐禅。至于远方来者,或尼众俗人之类,久住不得,亦须一七二七坐禅,然后随缘分散。"

"净众"的禅法,先引声念佛,然后息念坐禅。而禅的内容,不外乎"无忆无念莫妄"。从《文殊般若经》的"一行三昧"去看,这不外念佛,及以无忆无念莫妄的禅,而导入法界一相的境地。无相——金和上的禅法,无忆无念莫妄,是别有传承的,如《历代法宝记》说:

> "我此三句语,是达磨祖师本传教法,不言是诜和上,唐和上说。"

> "我达磨祖师所传,此三句语是总持门。念不起是戒门,念不起是定门,念不起是慧门:无念即是戒定慧具足。"

金和上不认这三句为从智诜、处寂传来,而说是达磨传来。我以为:这是受到了曹溪禅的影响。如《坛经》说:

> "悟此法者,即是无忆、无念,莫起诳妄。"

"无忆、无念、莫起诳妄",不就是"无忆、无念、莫妄"吗?金和上以无念为戒定慧具足,就是戒定慧等学。金和上弘禅的时代,与神会北上弘扬南宗的时代相当。在有关神会的作品中,没有"无忆、无念、莫妄"的开示。那时,手写秘本的《坛经》,金和上一定见到了,这才以达磨传来,与智诜、处寂不同,而以三句教人。

五祖门下的"宣什"宗,如《圆觉经大疏钞》卷三之下说:

> "即南山念佛门禅宗也。其先亦五祖下分出,法名宣什。果州未和上,阆州蕴玉,相如县尼一乘皆弘之。余不的知禀承师资昭穆。"

"法名宣什"的意义不明,或是宗派的名称。宗派,或从地方得名,如"洪州宗"、"牛头宗";或从寺院得名,如"荷泽宗"、"净众宗"、"保唐宗"。"宣什",大致不出这二类。但在宗密时代,这一派的传承法系已不能明确说明,只知道"从五祖下分出"而已。弘传这一宗的,有果州(今四川苍溪县)、阆州(今四川阆中县)、相如县。宗密在《中华传心地禅门师资承袭图》中也说到"果阆宣什"。这是弘化于四川嘉陵江上流的禅门。从他的传授仪式与"净众"大同而论,这多少受有"净众"或当时传戒的影响。

"宣什宗"的传授禅法,也如《圆觉经大疏钞》卷三之下说:

> "初集众,礼忏等仪式,如金和上门下。"

> "欲授法时,以传香为师资之信。"

> "正授法时,先说法门道理,修行意趣。然后令一字念佛:初引声由(?)念,后渐渐没(低?)声,微声,乃至无声。送佛至意,意念犹粗,又送至心。念念存想,有佛恒在心中。乃至无想,尽(?)得道。"

"宣什"的传授与"净众"一样,也是集众传授,而作短期的修习。在仪式中,"传香"是这一宗的特色。传授时,先开示法门道理,然后教授禅法。以念佛为方便:先念"一字"佛,就是只念一个佛字。在上面"北宗"中,也曾说"看一字"。在摄心入定的修习中,简单比复杂有效。五祖门下的念佛,大致是只念一"佛"字的。《圆觉经疏钞》原文有些错字,但意义还可以了解。传授即修持的方法是:先引(长)声念;渐渐地低声念;再渐渐地微声念,声音轻到只有自己听到;再不用声音念,就是意想念佛(一"佛"字)。意想念还是粗的,更微细是心念。心,应指肉团心(通俗是以此为精神根源处的)。念念存想有佛在心里。这还是有想念的,更微细到想念不起,心佛不二,佛恒住心中,那就是得道开悟了。念佛与禅,"宣什"是真的统一起来。这一修法,是可用以摄心入定的。在大小乘中,也有类似的修法。但只是这样,以为是得道了,有些人是不会同意的。

# 五　曹溪的南宗

五祖门下,最特出而予未来佛教以重大影响的,是曹溪慧能,也就是六祖。六祖所传,也还是"东山法门"(《宋高僧传·慧能传》)。代表曹溪禅的,是《坛经》。虽然近代学者异说纷纭,而足以代表曹溪禅风的,还只是《坛经》;《坛经》只是为后人添附一些而已(《坛经》问题,别论)。

《坛经》的主题,是说"摩诃般若波罗蜜"。《文殊说般若经》,曼陀罗仙所译的,正名《文殊所说摩诃般若波罗蜜经》。经说修"一行三昧","当先闻般若波罗蜜,如说修学"。如从这一点看,六祖说"摩诃般若波罗蜜",在五祖门下并非创新,而是学有禀承的。上面说到,五祖门下传禅,一般是"念佛名"、"令净心"(不但北宗如此)。而《坛经》主体——大梵寺施法部分,也是传禅的记录,却是这样说:

> "善知识! 净心! 念摩诃般若波罗蜜法。"
>
> "总各各至心,与善知识说摩诃般若波罗蜜法。善知识虽念不解,慧能与说,各各听!"
>
> "迷人口念,智者心行。……莫空口说! 不修此行,非我弟子。"

六祖以"净心"(六祖自己"净神"良久,才说话)、"念摩诃般若波罗蜜"教授弟子。念是口念的,六祖以念摩诃般若波罗蜜,代替了念佛。传说四祖道信在吉州城被围困时,就劝大家"但念般若"(《续高僧传·道信传》)。"念般若",在达摩禅系统中,道信已在提倡了。然念般若,如不解不行,是没有用的。真正的佛弟子,应该由念而解而实行的。上来五祖门下的念佛,并非称念佛名以求往生净土,主要是"佛"这个名词代表了修行目标。念佛是念念在心,深求佛的实义,也就是启悟自己的觉性,自成佛道的。所以五祖门下所念的,是"一字佛"(《文殊说般若经》,作"一佛")。在《坛经》中,不说佛而直指"般若",如说:

> "菩提般若之智,世人本自有之。即缘心迷,不能自悟,须求大善知识示道见性。"

"般若"、"菩提"，是异名而实同的。依菩提而名为佛，也就是依般若而名为佛；佛与般若，本无差别。但在一般人的心目中，"佛"每解为外在的，十方三世佛，不免向外觅佛，或有求加持、求摄受的他力倾向。六祖禅的特色，是直探根本，将一切——发愿、忏悔、皈依、佛，都直从自身去体见，从自身本有"菩提般若"中去悟得。如说到佛时，就说：

> "三身在自法性，世人尽有，为迷不见，外觅三如来，不见自色身中三身佛。"
>
> "凡夫不解，从日至日，受三归依戒。若言归佛，佛在何处？若不见佛，即无所归。"

六祖重于自性佛，自皈依佛，见自法性三身佛。而这就从念摩诃般若波罗蜜，开示本有般若而显示出来。所以，以"念般若"代"念佛"，外表上不同，而实际一致。进一步说，比形式的念"一字佛"，更得五祖禅的真意呢！

六祖也说到一行三昧，但与一般的见解也不相同。《坛经》说：

> "一行三昧中，于一切时中，行住坐卧，常直心是。净名经云：直心是道场，直心是净土。莫心行谄曲，口说法直。不行直心，非佛弟子。但行直心，于一切法上无有执著，名一行三昧。迷人著法相，执一行三昧，直心坐不动，除妄不起心。"

《坛经》以"直心"为"一行三昧"，可说受到《起信论》的影响。《起信论》说:"直心,正念真如法故。"称"真如三昧"为"一行三昧",也没有说到"念佛"。依《坛经》说:"直心"——行住坐卧,无不是"一行三昧"。这明显地弹斥那"直心坐不动,除妄不起心"——重于坐禅、重于除妄的禅者。"东山法门"所弘传的"一行三昧",一般以"念佛名"、"净心"为教。而实现净心成佛的方便,是坐禅,离念(除妄),形成念佛与净心形式的。六祖的"一行三昧",与一般不同,但不一定与五祖禅不合。

"北宗"、"净众宗"、"宣什宗",依"一行三昧"而念佛,都是"一字佛",都不是求佛摄受,愿生净土的。六祖以"见自性自净,自修自作,自性法身,自行佛行,自作自成佛道"为宗;念"般若"而不念"佛名",当然不会说"往生净土"了。《坛经》有答韦使君疑问一则——念阿弥陀佛能不能往生西方? 六祖的答说中,指出"迷人念佛生彼,悟者自净其心"。有几句话说:

> "心但无不净,西方去此不远。心起不净之心,念佛往生难到。"

> "但行十善,何须更愿往生? 不断十恶之心,何佛即来迎请? 若悟无生顿法,见西方只在刹那。不悟顿教大乘,念佛往生路遥,如何得达!"

六祖彻底发挥了自净自作的自力说,对弥陀的悲愿摄受、念佛往生——他力佛教的特殊意趣,显然是不曾加以理会。从历史看来,四祖、五祖、六祖,六祖弟子的时代(620—770),一贯的是从自己身心去自悟自修,自成佛道。六祖对往生净土的观点,有以为是为了破执。这是主观的解说,忽略了当时(一、二百

年)的禅风。禅净合修，这是后人的调和，不是禅宗的原始
意义。

这里想说到"保唐宗"的无住禅师（弘禅不久，约 765—
774），他批评向外求佛菩萨的人说：

> "大德！佛在身心，文殊不远。妄念不生，即是见佛，
> 何劳远去！……说偈：迷子浪波波，巡山礼土坡。文殊只没
> （这么）在，背佛觅弥陀。"（《历代法宝记》）

在形式上，无住是继承无相——金和上的衣法，而实际是别
成"保唐"一派。圭峰《圆觉经大疏钞》（卷三之下），以无住为
五祖门下老安（嵩山慧安）的再传弟子，然据无住弟子所作的
《历代法宝记》说，并不如此。《历代法宝记》说：

> （无住）"忽遇（老安的弟子）白衣居士陈楚璋……密契
> 相知，默传心法。……三五年间，白衣修行。"
>
> "天宝年间，忽闻范阳到次山，有明和上；东京有神会
> 和上；太原府有自在和上，并是第六祖师弟子，说顿教法。
> ……遂往太原礼拜自在和上。自在和上说：净中无净相，即
> 是真净佛性。和上（指无住）闻法已，心意快然。……（自
> 在）老和上……便与削发披衣。"

无住从老安弟子陈楚璋得法，又从六祖弟子自在和上得法
并出家。《历代法宝记》认慧能为六祖，对神会也有良好影响。
"保唐"有曹溪禅的特色，如批评"看净"的说："法无垢净，云何
看净？……看净即是垢。"论禅定说："起心即是尘劳，动念即是

魔缚。只没(这么)闲,不沉不浮,不流不转,活鲅鲅,一切时中总是禅。"这一派,圭峰称之为"教行不拘",对佛教所有事相——"礼忏,转读,画佛,写经,一切毁之,皆为妄想"。这是不用任何仪式;出家众在一起,也没有任何制度;连日常经济也不去顾问的一派。这是着重理证的,受有曹溪禅的影响,而多少流于极端的学派。对佛教来说,不免引起破坏的副作用。与六祖门下有关,不向外求佛,所以附带地说在这里。

## 六　东山法门的原意

五祖门下传出的禅法,都是念佛名与坐禅相结合的。在弘传修习中,都成为定形的轨式,次第修习的历程。五祖禅门而流于这种形态,不是没有人感到失望而发出慨叹的。杜朏的《传法宝纪》就说:

> "至乎今之学者(对"念佛名令净心"),将为委巷之谈,不知为知,未得为得。念佛净心之方便,混此彼流(?);真如法身之端倪,曾何仿佛! 悲夫! 岂悟念性本空,焉有念处(责念佛)! 净性已寂,夫何净心(责净心)! 念净都亡,自然满照。呜呼! 僧可有言曰:四世之后,变成名相,信矣! ……今大通门人,法栋无挠,伏膺何远! 裹足宜行,勉哉学流,光阴不弃也!"

杜朏是神秀弟子,对"念佛名"与"净心",确认为五祖弘忍、神秀禅门化导的方便,但当时神秀门下的"念佛"与"净心"形式化而渐失五祖禅的真意义,不免发出了"悲夫"、"呜呼"的慨叹!末了几句,显然是勉励神秀弟子们的。《传法宝纪》的著作,一般论为开元初年(713—)作,约为六祖慧能在曹溪入灭前后。这是早在神会北上以前,北宗学者自觉禅风的蜕变,而对北宗的批评。

弘忍、法如、神秀,有"念佛名"、"令净心"的方便,与后来的北宗,应有多少不同的。另一位北宗学者净觉,曾从神秀、老安、玄赜——三大师修学。从景龙二年(708)起从玄赜学了十余年,成为玄赜的入门弟子,玄赜曾以衣钵付嘱他。净觉在神龙元年(705)——二十二岁,就作了一部《金刚般若理镜》,开元十五年(727),作了《注般若波罗蜜多心经》。李知非说他"由般若波罗蜜而得道",是北宗中重视般若的大师。李知非《心经略序》说净觉"三十余年居山学道",又说"比在两京,广开禅法,王公道俗,皈依者无数":这是北宗极盛时代,义福、普寂以外的又一系。他著有《楞伽师资记》,是继承玄赜的《楞伽人法志》而作的,约720年顷撰。《楞伽师资记》中,传说了四祖道信对"一行三昧"、"念佛名"、"令净心"的意见。净觉的出家学道,离四祖道信已五十多年,所传的道信禅法,不知根据什么?然距离并不太久。五祖及其门下,都重"一行三昧",而五祖的禅是禀承道信的,所以所传道信的意见,应有部分的真实性。净觉在《楞伽师资记》中,引用道信的《入道安心要方便门》。这部禅法,内容相当丰富,也相当杂,这是有过补充与附加的《入道安心要方便门》发端说:

"我此法要,依楞伽经诸佛心第一。又依文殊说般若经,一行三昧,即念佛心是佛,妄念是凡夫。"

这是标宗,提示了禅法的依据与宗要。在达磨禅(旧有的)用以印心的《楞伽经》外,又增《文殊说般若经》。以后五祖门下禅法的开展,都不离这一家法。如神秀"论楞伽经,玄理通快",而对则天却说"依文殊般若经一行三昧"。《楞伽》与《般若》的合一,是始于道信的。原文在标宗后,引《文殊说般若经》"一行三昧"文,然后说:

> "夫身心方寸,举足下足,常在道场。施为举动,无非菩提。"

> "除三毒心,攀缘心,觉观心;念佛心心相续,忽然澄寂,更无所缘念。大品经云:无所念者,是名念佛。何等名无所念? 即念佛心,名无所念。离心无有别佛,离佛无有别心。念佛即是念心,求心即是求佛。所以者何? 识无形,佛无形,佛无相貌。若也知此道理,即是安心。常忆念佛,攀缘不起,则泯然无相,平等不二。入此位中,忆佛心谢。即不须征。即看此等心,即是如来真实法性之身。……如是等心,要令清净常现在前,一切诸缘不能干乱。何以故? 一切诸事,皆是如来一法身故。"

> "略举安心,不可具尽。其中善巧,出自方寸。"

这部分,是《入道安心要方便门》的根本。从念佛而契入"泯然无相,平等不二"的法界一相,就是"一行三昧"。念佛,是佛无相貌(经说"不取相貌")的;念佛而入无所念,即心即佛,为安心的方便。说到"看此等心","如是等心要令清净",也有"看心""看净"的意味。但这是在"忆佛心谢",无所念而显的"净心",这就是法身。"更不须征"(推求),只是照顾自心,净心常现前就得。

"一行三昧"的修证,虽如上所说,但众生的根性不一,所以从"念佛"而契入一法界性,情形也有多少不同,该论又说:

> "云何能得悟解法相,心得明净?"
>
> "信曰:亦不念佛,亦不捉心,亦不看心,亦不计心,亦不思惟,亦不观行,亦不散乱,直任运,亦不令去,亦不令住,独一清净,究竟处心自明净。"
>
> "或可谛看心,即得明净,心如明镜。或可一年,心更(便?)明净。或可三五年,心更(便?)明净。"
>
> "或可因人为说,即悟解。或可永不须说,得解。"
>
> "为学者取悟不同,有如此差别。今略出根缘不同,为人师者,善须识别。"

不同的安心方便中,有的是"不看心","不看净","不念佛",只是"直任运",心就自然明净。这与六祖的"不看心","不看净","不念佛",有着非常的近似。在720年顷,从神秀、老安、玄赜所传,从四祖以来的禅门,有不看心,不看净,不念佛的存在。在岭南的六祖,直提顿教,只是四祖以来,深彻而简易的部分,给予特别的倡导而已。从杜朏与净觉的撰述中,坚定地相信,五祖弘忍所传的禅法,不只是"念佛名","令净心";"看心"、"看净"那一类型的。在这自心是佛的立场,对于一般念佛求往生净土的方便,四祖与六祖所说自然归于一致(其实北宗等都是一样的），如《入道安心要方便门》说：

> "问：用向西方不？"

> "信曰：若知心本来清净，不生不灭，究竟清净，即是净佛国土，更不须向西方。……为钝根众生，令向西方，不为利根人也。"

《入道安心要方便门》后安立五门，第五门为"守一不移"。传为五祖所说的《修心要论》就是宣说"守心第一"。这样的"守心第一"，禅风渐倾向于常坐，发展而成为北宗的"直坐不动"、"除妄不起"。然而，四祖、五祖所传，是不限于此的。

# 七　结　说

再想说明两点，作本文的结论。

一、从上来的叙述，可见南宗与北宗的分立，都是渊源于黄梅，而且是始于道信的。道信以《文殊说般若经》"一行三昧"为方便，实为此后禅门开展的重要根源。天台学者荆溪湛然（711—782）在《止观辅行传宏决》（卷二之一）也说：

> "信禅师元用此（《文殊说般若经》）经以为心要。后人承用，情见不同，致使江表京河，禅宗乖互。"

这一说明，极为精确！《文殊说般若经》的"一行三昧"，智者在《摩诃止观》明四种三昧，就引用以说明"常坐三昧"。这部经从梁代译出以来，影响极为广泛。《起信论》引用它，智者引用它，以"念佛"、"观心"作为即心即佛方便的道信，也引用这部经。道信是达摩禅大发展的重要关键。传说：道信在黄梅双峰以前，曾"留止庐山大林寺，……又经十年"（《续高僧传·道信传》）。大林寺，是智者门人智锴（610卒）开山的。道信到大林寺，约为智锴晚年。一住十年，对天台的禅法，多少会有影响的。道信在达摩禅的本质上，开展"一行三昧"的安心方便，而禅门大大地兴盛起来。"一行三昧"在四祖、五祖时代，是应机而顿渐浅深不一的。"法受双峰"的慧忠，也还是"论顿也不留朕迹，语渐也返常合道"（《宋高僧传·慧忠传》）。活泼泼的"一行三昧"，到了五祖门下，逐渐分流而形成对立。

二、四祖、五祖、六祖，凡自认达摩系的禅，"念佛"、"净心"的方便极为普遍，也有"不念佛"、"不看心"、"不看净"的。然有一共同点，即从自心中自净成佛道。"念佛"，浅的是称念佛名（一字佛），深的是离念或无念，就是佛。"念佛"是自力，而不是仰凭佛力以求往生净土的。金陵法持传说为弘忍弟子，有净土的倾向。如《净土往生录》卷中说：

> "法持……依黄梅忍大师得心焉。……持于净土，以系于念，凡九年，俯仰进止，必资观想。"

被称为五祖十大弟子之一的法持，晚年专心于净土的观想，倾向于他力的念佛。从唐代（中唐以上）禅宗的各派来看，这是多少感到奇突的。依《宋高僧传》、《景德传灯录》，说法持为十弟子之一，是五祖对玄赜说的。然检玄赜的弟子净觉依玄赜《楞伽人法志》而作的《楞伽师资记》，所说十弟子中，并没有法持。《历代法宝记》所说黄梅十弟子，也没有法持。虽然迟一些，圭峰已说到金陵法持，但这到底是变化了的传说，不足为据。从当时"一行三昧"的念佛来说，法持是不属于这一法系的。禅宗对念佛的原始见解，一贯是自力的，作为即心即佛之方便的。从"东山法门与念佛"的研究中，得到了这一明确的结论。

中华书局

初版责编    陈  平